FÜNFUNDNEUNZIGMAL

„ZU"

BEISSEN ODER LÄCHELN

AF186619

HERTALDIS OFFERMANN

FÜNFUNDNEUNZIGMAL

„ZU"

BEISSEN ODER LÄCHELN

Bibliografische Information der Deutschen
Nationalbibliothek:

Die Deutsche Nationalbibliothek verzeichnet diese
Publikation in der Deutschen Nationalbibliografie;
detaillierte bibliografische Daten sind im Internet über
http://dnb.dnb.de abrufbar.

Lyrik © 2018 Hertaldis Offermann, Berlin

Gestaltung:

Ralf Höpfner, Hamburg

Fotos © 2018 Hertaldis Offermann, Berlin

Herstellung und Verlag:

BoD – Books on Demand, Norderstedt © 2019

ISBN: 978-3-749-45571-3

VORWORT

MICH HAT SCHON WIEDER EIN KOBOLD BERÜHRT

FÜNFUNDNEUNZIG MAL

MICH ZUM DEUTEN VERFÜHRT

AUCH WENN DER LESER BEKANNTES ENTDECKT

VIELLEICHT HABE ICH DENNOCH NEUGIER GEWECKT

MIR GEHT ES UM DAS ÖFFNEN DES DEUTENS

IM ALLTAG MEHR AUF FEINHEIT ZU LAUSCHEN

UND AUCH BEIM GEBRAUCH NOCH WACHER ZU SEIN

WAS KÖNNTE DER HÖRENDE ANDERS VERSTEH'N

DAS VIERUNDNEUNZIGER FOLGT GLEICH DANACH

HABE MICH DOCH FÜR ZWEI BÜCHER ENTSCHIEDEN

WEIL JEDE VORSILBE ACHTUNG VERDIENT

HABE ICH DEN VERLEGER DOPPELT BEMÜHT

DRUM SEI NACH DER ACHTEN VORSILBE GEDANKT

VER-BE-NACH-AB-AUF-EIN-ZU-AN

OBWOHL DER VERLEGER

ES IM SCHLAFE JETZT KANN

ES JEDES MAL MÜHEVOLLE ARBEIT VERLANGT

Hertaldis Offermann dankt Ralf Höpfner, der das vom Autor ungeliebte Verlegen übernahm. Berlin, November 2017

ARBEITEN

MANCHE MENSCHEN GLAUBEN SICH

NUR WERTVOLL WENN SIE ARBEITEN –

DABEI BEWERTEN SIE AUCH NOCH

SEHR UNTERSCHIEDLICH, WAS ARBEITEN BEDEUTET:

DIE EINEN DENKEN, DASS

NUR KÖRPERLICHES ABMÜHEN

DAS WORT VERLANGT

DIE ANDEREN EMPFINDEN

GEISTIGES TUN ALS SOLCHES

IN DER KUNST IST DIE WELT

SEHR OFT UND SCHNELL DABEI

DAS WORT

MIT SPIELEN ZU ÜBERSETZEN

AN UNSERER BILDUNG SOLLTEN WIR

AUCH SELBST ARBEITEN

UM EIN MUSIKINSTRUMENT SPIELEN ZU KÖNNEN,

MÜSSEN WIR OFT LANGE MÜHEVOLL ARBEITEN,

UM DIE TECHNIK ZU BEHERRSCHEN

SELBST DER HOBBYGÄRTNER

WIRD UNS OFT ANTWORTEN:

ICH MUSS NOCH IM GARTEN ARBEITEN

SAGT UNS ABER EINER, DASS ER ZUARBEITEN MUSS

DANN ASSOZIIEREN WIR SOFORT

GANZ GENAUE ANFORDERUNGEN AN SEIN TUN

DENN ES IST EIN WICHTIGER TEILPROZESS

IN EINEM GESAMTABLAUF

BEREITEN

IM BEREITEN IST SCHON EINE VORSILBE VERSTECKT

DOCH OFT SAGEN WIR ES ALS WORT

FÜR DAS SICH FERTIG MACHEN FÜR EINE PRÜFUNG

ODER EINE SPORTLICHE LEISTUNG

UM ZU BESCHREIBEN

DASS WIR DAFÜR FIT SIND

WENN WIR GÄSTE EINLADEN BEREITEN WIR

NICHT NUR DIE WOHNUNG DAFÜR

SONDERN AUCH DIE TISCHDEKORATION

BEREITEN WIR MANCHMAL JAHRESZEITENTYPISCH

MIT BUNTEM LAUB ODER BAUMFRÜCHTEN VOR

HÖREN WIR ZUBEREITEN DENKEN WIR FAST ALLE

AN ESSBARES DAS FÜR DEN VERZEHR ODER GENUSS

SOWOHL DIE HAUSFRAU ODER DER GOURMETKOCH

ZUBEREITET

BINDEN

BINDEN WIR UNS EINE SCHÄRPE

UM DAS KLEID

WOLLEN WIR UNS BESONDERS SCHMÜCKEN

BÜRGERMEISTER BINDEN IHRE AMTSSCHERPE

ALS ZEICHEN IHRER AUFTRAGSMACHT

UM IHREN ANZUG

DEN GÜRTEL BINDEN WIR UM DIE HOSE

DAMIT SIE UNS NICHT GEGEN UNSEREN WILLEN

HERUNTERRUTSCHT

ELTERN ERMAHNEN IHRE KINDER

DASS SIE DIE SCHNÜRSENKEL ZUBINDEN SOLLEN

DAMIT SIE NICHT ÜBER DIE ENDEN STOLPERN

IST DER KARTOFFELSACK GEFÜLLT

WERDEN WIR IHN ZUBINDEN

DAMIT SIE NICHT WIEDER HERAUSFALLEN

BLINZELN

ALLE VERSTEHEN DAS WORT BLINZELN

DOCH JEDER DENKT AN ANDERE GRÜNDE

MIR KOMMT SOFORT MEINE KATZE IN DEN SINN

WENN SIE NICHT WILL DASS ICH BEMERKE

DASS SIE MICH BEOBACHTET

DANN WIRD SIE BLINZELN

WENN MICH DIE SONNENSTRAHLEN

UNVORBEREITET IM AUGE ERWISCHEN,

BEGINNE ICH AUTOMATISCH ZU BLINZELN

WILL ICH ABER DIE AUFMERKSAMKEIT EINES

BESTIMMTEN MENSCHEN AUF MICH LENKEN,

WERDE ICH IHM GEZIELT ZUBLINZELN

BIS ER MEIN AUFFÄLLIGES GRIMASSIEREN BEMERKT

BEISSEN

BEISSEN IST VORBEDINGUNG NACH DEM TRINKEN
DAMIT WIR ÜBERLEBEN KÖNNEN

UM ZU KAUEN MÜSSEN WIR AUF ALLES BEISSEN
SCHLIESSLICH SIND WIR DAFÜR
MIT ZÄHNEN AUSGESTATTET

SOGAR KÜNSTLICHE BESCHAFFEN WIR UNS
ZUM BEISSEN
WENN DIE VON DER NATUR MITGEGEBENEN
NICHT MEHR FUNKTIONSFÄHIG

MIT ZUBEISSEN VERBINDEN WIR DIE VORSTELLUNG
DES SCHNELLEN SCHNAPPENS
DESHALB ÄNGSTIGT UNS AUCH
DAS ZUBEISSEN DES HUNDES
WEIL DER ÜBERRASCHEND UND UNERWARTET
ZUBEISSEN KÖNNTE

ABER AUCH MEINE KATZE
KANN BLITZSCHELL ZUBEISSEN WENN SIE MEINT
SIE HÄTTE JETZT VOM STREICHELN GENUG

BAUEN

MENSCHEN MÜSSEN BRÜCKEN BAUEN

UM FLÜSSE ODER TÄLER ZU ÜBERQUEREN

MANCHMAL WERDEN AUCH

STRASSENÜBERQUERUNGEN

DADURCH MÖGLICH

UM ERDSCHÄTZE ZU GEWINNEN

BAUEN WIR STOLLEN IN DIE ERDE

ES SIND TUNNEL,

DIE NICHT ZUM DURCHQUEREN DIENEN

SONDERN NUR DEM SCHRITTWEISEN

ABBAU IM ERDINNEREN

GLASFASERKOMMUNIKATIONSNETZE SIND HEUTE

VORAUSSETZUNGEN

FÜR INFORMATIONSAUSTAUSCHMEDIEN

WINDKRAFTANLAGEN BAUEN WIR;

UM ALTERNATIVE STROMVERSORGUNG

VORANZUTREIBEN

WENN ACHTLOS ABGESTELLTE PAKETE

UNS EINEN ZUGANG ZUBAUEN

WERDEN WIR UNS UMS WEGRÄUMEN BEMÜHEN

ALTE HÄUSER WERDEN VOR WEITEREN

VERWÜSTUNGEN OFT GESCHÜTZT

INDEM DIE EIGENTÜMER

DIE FENSTERÖFFNUNGEN ZUBAUEN

DECKEN

DIE DÄCHER DECKEN DIE HÄUSER AB DAMIT WIR

DRINNEN OHNE REGEN UND SCHNEE

SCHNEEFLOCKEN DECKEN DIE ERDE

MIT EINEM WEISSEN BELAG

DER AUCH DIE JUNGEN TRIEBE FÜR DAS WACHSEN

IM FRÜHLING SCHÜTZT

UNWAHRHEITEN AUSGESPROCHEN

SOLLEN OFT GRÖSSERES UNRECHT DECKEN

MÜTTER GEHEN OFT NACHTS

AN DAS BETT DES KINDES UND WERDEN ES

ZUDECKEN

AUCH AUF DER COUCH EINGESCHLAFENE FREUNDE

WERDEN WIR SICHER ZUDECKEN

WIE WIR SPEISEN OFT IN BEHÄLTERN ZUDECKEN

DAMIT KEINE FLIEGEN SICH AN IHNEN LABEN

BEI STRASSENARBEITEN MUSS AUF DAS ZUDECKEN

DER NOCH OFFENEN GRUBEN GEACHTET WERDEN

UM UNFÄLLE ZU VERMEIDEN

DREHEN

DEN KREISEL DREHEN WIR ERST MIT DER HAND

UND DANN ERHALTEN WIR DAS DREHEN

DURCH DAS SCHLAGEN MIT DER KREISELSCHNUR

DERWISCHE DREHEN SICH

DASS IHRE RÖCKE EINEN GROSSEN KREIS BILDEN

MASCHINEN DREHEN DURCH BESTIMMTE

BEWEGUNGEN GEWINDE IN STAHLSTIFTE

DEN SPIESS AM GRILL DREHEN WIR

ZUM GAREN AN ALLEN SEITEN

WASSERHÄHNE MUSS MAN ZUDREHEN

WENN DAS FLIESSEN BEENDET WERDEN SOLL

VERSCHWENDERN SOLLTE MAN

DEN GELDHAHN ZUDREHEN,

DAMIT SIE WIEDER EINEN RICHTIGEN BEZUG

ZUM SCHWER VERDIENTEN GELD ENTWICKELN

DRÜCKEN

FÜLLEN WIR DIE WASCHMASCHINE
ZUM ABARBEITEN EINES BESTIMMTEN PROGRAMMS
DRÜCKEN WIR ZUM ABSCHLUSS DEN STARTKNOPF

AUCH IM WC IST DAS DRÜCKEN
DER SPÜLVORRICHTUNG UNERLÄSSLICH
FÜR DIE SPÄTERE NUTZUNG

ALLE ERINNERN WIR UNS NOCH DES JOYSTICKS
DER FÜR DIE RICHTIGE SPIELAKTION
IM RICHTIGEN MOMENT AUF DAS DRÜCKEN WARTET

SOGAR IM WELTWEIT VERBREITETEN
RECHNERSTEUERUMGANG MIT EINER MAUS
ODER EINER INTEGRIERTEN SCHALTFLÄCHE
IST DAS DRÜCKEN
ZUM BEDIENEN EINES SIGNALS NOTWENDIG

TROCKENFUTTERTÜTEN FÜR TIERE HABEN OFT
EINEN SPEZIELLEN EINGEARBEITETEN STREIFEN
DEN MAN NACH ENTNAHME EINER TEILMENGE
WIEDER ZUDRÜCKEN MUSS
DAMIT DAS AROMA NICHT ENTWEICHT

AUCH KÄSEVERPACKUNGEN

SOLLTE ICH JEWEILS ZUDRÜCKEN,

DENN SONST WIRD ER HART UND TROCKEN

HALTE ICH JEMAND FEST

SOLLTE ICH MICH DAVOR HÜTEN

ZU SEHR ZUZUDRÜCKEN,

DENN SONST ENTSTEHEN BLAUE FLECKEN

FÜGEN

FÜGEN IST DAS GEGENTEIL VON AUFBEGEHREN

OHNE FÜGEN IST EINE ARMEE NICHT DENKBAR

ORDNUNG KANN NUR DURCH REGELN

EINGEHALTEN WERDEN

WIR ALLE FÜGEN UNS DEN WETTERBEDINGUNGEN

IST ES KALT KLEIDEN WIR UNS WARM

IN DER ERZIEHUNG IST DAS SICH FÜGEN

EINE UNABDINGBARE VORAUSSETZUNG

DENN IN DIESER ENTWICKLUNGSPHASE IST OFT

EIN ÜBERLEBEN ANDERS NICHT MÖGLICH

DER ANWEISUNG AUF DEN VERKEHR ZU ACHTEN

MÜSSEN WIR UNS FÜGEN

FÜGEN WIR UNS DER ANWEISUNG NICHT

AUF DIE KOCHPLATTE ZU FASSEN

WERDEN WIR DURCH VERLETZUNG

UND SCHMERZEN GESTRAFT

HÖREN WIR ABER DAS WORT ZUFÜGEN

FÜHLEN WIR OFT NICHT NUR DIE ZUTAT

DIE WIR ZUM ESSEN ZUFÜGEN

DIE ATTRIBUTE DIE WIR EINEM NOMEN ZUFÜGEN

UM ES BESSER ZU BESCHREIBEN

SONDERN AUCH DIE UNWAHRHEITEN

DIE MANCHE ERZÄHLER IHREN GESCHICHTEN

ZUFÜGEN

GANZ ZU SCHWEIGEN VON KRÄNKUNGEN,

BELEIDIGUNGEN UND SCHMERZEN

DIE MENSCHEN EINANDER ZUFÜGEN

FASSEN

GLASBLÄSER FASSEN MIT DER METALLZANGE

DEN FLÜSSIGEN SCHMELZMASSETROPFEN

NUR DAS FASSEN MIT DIESER HILFE

ERMÖGLICHT DAS BEWEGEN

UND SPÄTER DAS KUNSTVOLLE BLASEN

ZUR BESONDEREN FORM

HUFSCHMIEDE FASSEN DAS GLÜHENDE EISEN

MIT DER ZANGE

UM ES DEM HUF DES PFERDES ANZUPASSEN

SELBST KLEINSTE HOLZSPLITTER

FASSEN WIR MIT EINER PINZETTE

UM SIE AUS DER SCHMERZENDEN HAUT

ZU ENTFERNEN

ARTISTEN IN DER LUFT MÜSSEN

IM RICHTIGEN MOMENT ZUFASSEN

OB DEN SCHWINGENDEN HOLM ODER

DEN SCHWINGENDEN FLIEGENDEN PARTNER

UM ÜBERLEBEN ZU ERMÖGLICHEN

SELBST EINE SCHNEEFLOCKE WILL,

DASS ICH ZUFASSE IM RICHTIGEN AUGENBLICK

UM SIE MIT DER HAND ZU FANGEN

ZUFASSEN VERLANGT SCHNELLE REAKTION

EGAL BEI WELCHER AKTION

AUCH WENN ICH EINEN ERTRINKENDEN

RETTEN WILL MUSS ICH ZUFASSEN

FÜHREN

HUNDE FÜHREN WIR AN LEINEN

CHEFS FÜHREN IHRE ARBEITSTEAMS
MEHR ODER WENIGER GESCHICKT
DURCH KLUGE PLANUNG DER AUFGABEN

DEN FADEN FÜHREN WIR
DURCH DAS ÖHR IN DIE NADEL
WIE SPÄTER MIT DER NADEL DURCH DEN STOFF
ZUM NÄHEN

BANKEN FÜHREN NEUE ZINSSÄTZE EIN
WENN DER MARKT NACH REGULIERUNG RUFT

WÄRTER WERDEN DEN INHAFTIERTEN
DEM VERHANDELNDEN GERICHT ZUFÜHREN

MEDIZINER WERDEN DEM PATIENTEN
EINE LÖSUNG ZUFÜHREN UM SEINEN KREISLAUF
ZU STABILISIEREN

ICH WÜRDE ZUFÜHREN ALS GELENKTES
UNUNTERBROCHENES EINLEITEN IN EIN ANDERES
SYSTEM VERSTEHEN KÜNSTLICHE NAHRUNG
ZUM BEISPIEL MUSS ICH IM NOTFALL ZUFÜHREN

FLIEGEN

IM HERBST LASSEN WIR DRACHEN FLIEGEN

UND ERFREUEN UNS AM BEWEGEN IN DER LUFT

AUCH DIE BLÄTTER BUNT GEFÄRBT

FLIEGEN VON DEN BÄUMEN

WEIL SIE TANZEN WIE FEDERN IM WIND

DENKEN WIR AN DIE UNSICHTBAREN TEILCHEN

IN DER LUFT

DIE MIT DEM ATEM IN UNSERE LUNGEN FLIEGEN

BEGINNEN WIR ÜBER DEREN BESCHAFFENHEIT

NACHZUDENKEN

OFT WÜNSCHEN WIR UNS IN PROBLEMSITUATIONEN
DASS UNS LÖSUNGEN ZUFLIEGEN

SORGEN FLIEGEN UNGEBETEN UNS ZU
UND QUÄLEN UNSERE SEELE

MANCHE MENSCHEN MEINEN
DASS FREUNDE EINEM ZUFLIEGEN
DOCH WIRKLICHE FREUNDSCHAFTEN
MUSS MAN SICH ERARBEITEN UND PFLEGEN

IDEEN DIE EINEM SCHEINBAR ZUFLIEGEN
BEREITEN SICH OFT LANGE IM GEIST
DURCH FLEISSIGES MÜHEN
UND INNERES ERÖRTERN VOR

AUCH KÜNSTLER DIE SEHR KREATIV SIND
KÖNNEN NUR AUS IHRER PERSÖNLICHKEIT
IHRER ERFAHRUNG IHREM FLEISS UND WILLEN
DIE MOTIVE IN DIE DARSTELLENDE
ODER SCHREIBENDE KUNST UMSETZEN
DIE IHNEN NUR SCHEINBAR ZUFLIEGEN

FRIEREN

FRIEREN WIRD SEHR INDIVIDUELL EMPFUNDEN

MANCHE MENSCHEN FRIEREN BEI TEMPERATUREN

DIE FÜR ANDERE NOCH SEHR ANGENEHM SIND

DIE KLEIDUNG WURDE ERFUNDEN

UM BEI ZU KALTER WITTERUNG NICHT FRIEREN

ZU MÜSSEN

AUCH TIERE FRIEREN

WENN SIE IHRER NATÜRLICHEN UMGEBUNG

ENTFREMDET SIND

UND NICHT MEHR ANGEMESSENES FELLKLEID

ENTWICKELN

SO WERDEN PFERDE OFT IM SOMMER GESCHOREN

UND FRIEREN DANN IM WINTER

DIE SEEN FLÜSSE PFÜTZEN UND BÄCHE
KÖNNEN IM WINTER ZUFRIEREN
SIE GAUKELN UNS EINE FESTE OBERFLÄCHE VOR
DOCH DAS ZUFRIEREN MUSS LANGE UND
DAUERHAFT MÖGLICH SEIN
DAMIT ES LASTEN AUSHÄLT

ZWISCHEN DEN ERDTEILEN IM NORDEN ENTSTEHEN
DURCH ZUFRIEREN SOGAR WINTERWEGE
DIE SONST NUR MIT DEM SCHIFF
ZU BEWÄLTIGEN SIND

WENN DIE WASSERROHRE DURCH ZU WENIG SCHUTZ
IM WINTER ZUFRIEREN
IST DER SCHADEN OFT RIESENGROSS

FALLEN

WIEVIEL TORE FALLEN

IST VOR DEM SPIELENDE UNBEKANNT

DIE GEWINNRATEN BEI PFERDEWETTEN FALLEN

ANALOG ZU DEN EINSÄTZEN AUF DIE FAVORITEN

SEHR UNTERSCHIEDLICH AUS

WENN GLATTEIS AUF DEN GEHWEGEN

BEMÜHE ICH MICH NICHT ZU FALLEN

FALLE ICH DOCH

WERDE ICH SCHNELL WIEDER AUFSTEHEN

WENN ALLES HEIL

MANCHE KORRIDORTÜR KÖNNTE ZUFALLEN
WENN DURCHZUG ODER UNACHTSAMKEIT
SIE BEWEGT UND WIR KEINEN KEIL
DAZWISCHEN GESCHOBEN HABEN

WENN TÜREN DIE NUR VON EINER SEITE
MIT EINER KLINKE AUSGESTATTET SIND
ZUFALLEN
ENTSTEHT OFT AUF DER VERSCHLOSSENEN SEITE
GROSSE ANGST

ANTEILE DIE EINEM DURCH ERBSCHAFT ZUFALLEN
WERDEN MEIST FREUDIG ANGENOMMEN

AUFGABEN DIE DURCH NOTWENDIGE
ARBEITSTEILUNG EINEM ZUFALLEN
SOLLTE MAN KOMMENTARLOS ERLEDIGEN

FÜTTERN

WIR VERBINDEN DAS WORT FÜTTERN ZUERST

MIT TIEREN

ABER DIE KLEINEN KINDER WARTEN NACH DEM

FLASCHETRINKEN AUCH AUF DAS FÜTTERN

DURCH DIE SIE AUFZIEHENDEN

WENN DIE NAHRUNG AUS DER MUTTERBRUST

NICHT GENÜGT

BEGINNEN DIE MENSCHEN MIT ZUFÜTTERN

AUCH TIERE BRAUCHEN MANCHMAL

DAS ZUFÜTTERN WENN ZU VIEL NACHWUCHS

AN DEN ZITZEN NICHT SATT WIRD

TIERE KÖNNEN INNERHALB IHRER ART

NICHT SELBSTÄNDIG ZUFÜTTERN

DORT ZÄHLT DIE NATÜRLICHE SELEKTION

WER NICHT GENUG ZUM WACHSEN ABBEKOMMT

DER STIRBT

FEUERN

OB WIR MIT HOLZ KOHLE GAS ODER ÖL FEUERN

IST ABHÄNGIG VON UNSEREN MÖGLICHKEITEN

HEUTE BASTELT MAN JA AUCH

AN ALTERNATIVEN ENERGIEN DIE DIESE ROHSTOFFE

NICHT MEHR SO SEHR BENÖTIGEN

ABER IN UNSEREN BREITENGRADEN

MÜSSEN WIR FÜR UNSER LEIBLICHES WOHL FEUERN

EGAL WIE DIE RAUMWÄRME ERZEUGT WIRD

ICH HATTE MAL EINE BÄCKEREI

VOR EINEM HALBEN JAHRHUNDERT

DA WAR EIN WINTER SO KALT

DASS WIR MIT EINEM EISERNEN OFEN

IN DER BACKSTUBE ZUFEUERN MUSSTEN

WEIL DIE BACKOFENWÄRME NICHT GEREICHT HAT

DEN SAUERTEIG AUFGEHEN ZU LASSEN

AUCH DAS WEISSGEBÄCK BRAUCHTE DAS

ZUFEUERN

GEHEN

WIR GEHEN INS THEATER ODER ZU EVENTS

UM UNS ZU UNTERHALTEN

BESSER

UM UNTERHALTEN ZU WERDEN

GESUNDHEITSBEWUSSTE MENSCHEN

GEHEN TÄGLICH EINE VORGEPLANTE ANZAHL

VON SCHRITTEN

UND GEHEN DABEI STETIG IHREM ZIEL ENTGEGEN

AUF EINEN ERKANNTEN FREUND WERDE ICH

MIT FRÖHLICHEM GESICHT ZUGEHEN

IM SPORTLICHEN KAMPF KANN MAN BEOBACHTEN

WIE DIE FIGHTER

MIT GESPANNTER AUFMERKSAMKEIT

AUFEINANDER ZUGEHEN

AUF EINEN HILFSBEDÜRFTIGEN MENSCHEN

SOLLTE MAN OB BEKANNT ODER FREMD

ZUGEHEN UND HILFE ANBIETEN

BEOBACHTET MAN AUF BAHNHÖFEN ODER

FLUGHÄFEN WARTENDE PASSAGIERE

KANN MAN OFT SEHEN

WIE MÜDEN MENSCHEN DIE AUGEN ZUGEHEN

GREIFEN

AFFEN GREIFEN ZIELGERICHTET

NACH ZUGEWORFENEM FUTTER

HANDBALLER GREIFEN DEN BALL IM VORBEIFLUG

WIR GREIFEN IN DEN EIMER MIT LOSEN

UM DEN VERMEINTLICHEN GEWINN ZU ERGATTERN

OFT GREIFEN WIR IN DAS PORTEMONNAIE

UM UNS WÜNSCHE ZU ERFÜLLEN

WIR KENNEN DIE REDEWEISE

DASS DAS LETZTE HEMD KEINE TASCHEN HAT

DA KANN MAN EBEN NICHT MEHR HINEINGREIFEN

ICH SASS IM FLUGZEUG NEBEN EINER
JUNGEN FAMILIE MIT EINEM KLEINKIND
DIE HÄNDCHEN WAREN IM MÄNTELCHEN
VERSTECKT
ICH MUSSTE MEINE FINGER HINEINSTECKEN
UND DAS KLEINE HÄNDCHEN BERÜHREN
WELCHE FREUDE MAN EMPFINDET
WENN DIE KLEINEN FINGER ZUGREIFEN

JEDER WEISS DASS DAS NOCH EIN REFLEX IST
DOCH DAS ZUGREIFEN WÄRMT DAS HERZ
WIE BEIM BEGEGNEN MIT ERWARTETEN MENSCHEN
ODER AUCH DAS ZUGREIFEN BEIM BEREITETEN
MAHL MIT GUTEM APPETIT
ZUGREIFEN ZEIGT DAS BEGEHREN

GEBEN

GEBEN IST BESSER ALS NEHMEN

IST EIN KULTURSOZIALES RELIKT

GEBEN IST NUR DESHALB SCHEINBAR BESSER

WEIL DER GEBER DEN ANDEREN

IN DIE DANKESSCHULD ZWINGT UND

IMMER DAS GEFÜHL HAT DASS ER NOCH

EIN GUTHABEN HÄTTE

ICH HALTE DAS FÜR ERPRESSUNG

BEI DEM NACHWUCHS GEBEN DIE ELTERN

EGAL OB TIER ODER MENSCH

UM DIE BIOLOGISCHE WEITEREXISTENZ

ZU GEWÄHRLEISTEN

BEI DEN TIEREN FUNKTIONIERT DAS NOCH GUT

DENN DIE ELTERNTIERE ERWARTEN NICHTS

VON DEM NACHWUCHS

BEI MENSCHEN ERZEUGT DAS GEBEN IN DEN

KINDERTAGEN EIN LEBENSLANGES GEFÜHL

DES WARTENS AUF DAS ZURÜCKZAHLEN

WER DAS BESTREITET DER LÜGT

DER VERSTAND KANN DAS GEBEN NOCH SO

SOZIAL WERTVOLL BEWERTEN

BITTE NOCH ETWAS ZUCKER ZUGEBEN
SAGT DER KOCH ZUM LEHRLING

ABER ZUGEBEN DASS ICH GELOGEN HABE
IST EINE INTELLEKTUELLE LEISTUNG
UND VIELLEICHT AUCH MIT SEELISCHER SCHAM
VERBUNDEN

RICHTER BEWERTEN DAS VERHALTEN EINES
DELIQUENTEN IN ANDEREM LICHT
WENN ER SEIN FEHLVERHALTEN EHRLICH ZUGEBEN
UND BEREUEN KANN
DIE KUNST BESTEHT IM HERAUSFINDEN
OB NUR DIE SPRACHE ZUGIBT ODER AUCH DAS
WESEN DAVON ÜBERZEUGT IST

GIESSEN

GIESSEN KANN ES VOM HIMMEL
EBENSO WIE AUS GIESSKANNEN
ES BESCHREIBT DASS EINE GROSSE MENGE WASSER
AUF DIE ERDE FÄLLT

IN OASENSTÄDTEN MÜSSEN GANZE GIESSSYSTEME
FÜR DIE BEWÄSSERUNG DER PFLANZEN SORGEN
SORGSAME GÄRTNER GIESSEN SEHR REGELMÄSSIG
DAMIT DIE ERDE NICHT ERST AUSTROCKNET

ES IST NICHT HÖFLICH WENN GASTGEBER
ZUR HALB GETRUNKENEN TASSE ETWAS ZUGIESSEN
OFT HÖRT MAN ABER SOGAR VOM BEDIENPERSONAL
DIE FRAGE: DARF ICH ZUGIESSEN ?

ALLERDINGS WERDEN WIR WASSER ZUGIESSEN
WENN BEIM BRATEN ODER KOCHEN
ZU VIEL VERDAMPFT IST

AUCH BEIM BACKEN MÜSSEN WIR MANCHMAL
FLÜSSIGKEIT ZUGIESSEN DAMIT DER TEIG
DIE RICHTIGE KONSISTENZ BEKOMMT

JUBELN

JUBELN KANN SICH LAUT ÄUSSERN
ODER ABER AUCH IN INNERSTER SEELE
EINE ÜBERSCHÄUMENDE FREUDE
VERFÜHRT ZUM JUBELN

WER EINEN LOTTOGEWINN BEKOMMT
WIRD JUBELN OB LAUT ODER KLUGERWEISE LEISE

WER EINE KRANKHEIT BESIEGT HAT WIRD JUBELN
MIT SEINER FAMILIE UND DEN FREUNDEN

JUBELN WIRD VON MANCHEN REGIMEN
VOM VOLK VERLANGT AN STAATSFEIERTAGEN
DAS JUBELN PER BEFEHL SOLL DIE ZUSTIMMUNG
ZUR POLITRICHTUNG KUNDTUN

KEINE TIERART LÄSST SICH
ZU SOLCHEM BLÖDSINN ANIMIEREN
DOCH DIE GESCHICHTE VON GESTERN
UND DIE GEGENWART ZEIGEN
DASS JUBELNDE MENSCHENMASSEN JEDEM
MACHTHABER DIE BRUST SCHWELLEN LASSEN

SPORTGRÖSSEN DIE DURCH LEISTUNG BESONDERES

VOLLBRACHT HABEN

WERDEN DIE ZUSCHAUER ZUJUBELN

AUCH STARS AUS FILM THEATER UND FERNSEHEN

WERDEN BEWUNDERER ZUJUBELN

MAUERN

BETONWÄNDE AUFEINANDER MAUERN

ODER STEIN FÜR STEIN MAUERN

IST DAS ZUSAMMENFÜGEN ZU EINEM GANZEN

MITTELS BINDEMITTEL

BEIM SKATSPIELEN MAUERN GEÜBTE SPIELER

UM DIE TRÜMPFE NICHT ZU VERRATEN

ZUMAUERN WERDEN WIR DIE EINGÄNGE VON

PYRAMIDEN ODER BESONDEREN GRABMÄLERN

AUCH ALTE ABBAUSCHÄCHTE WERDEN OFT

ZUGEMAUERT UM GEFAHRVOLLES BETRETEN

ZU VERHINDERN

HÄNGEN

DIE TANNENZAPFEN HÄNGEN AN DEN TANNEN

WIE WEIHNACHTSBAUMSCHMUCK

SIE ZEIGEN UNS DEN SAMENVORRAT

FÜR DIE ZUKUNFT

WENN WIR DAVON SPRECHEN

DASS DER HIMMEL VOLLER GEIGEN HÄNGT

DANN IST EINE HOCHSTIMMUNG IN UNS

DIE UNS INNERE JUBELMUSIK HÖREN LÄSST

GARDINEN HÄNGEN WIR

VOR DEN GLASFENSTERN AUF

UM DAS HEREINSCHAUEN ZU VERHINDERN

DAS SCHMÜCKENDE DABEI

IST NUR EIN KULTURELLER NEBENEFFEKT

NACH DEM ABLEBEN WERDEN
FAMILIENMITGLIEDER IN VIELEN KULTUREN
DIE UHREN ZUHÄNGEN

ICH HABE IN EINIGEN LÄNDERN GESEHEN
DASS MENSCHEN IHRE GLASFENSTER
MIT ZEITUNGEN ZUHÄNGEN
GESCHÄFTE DIE IN DER REKONSTRUKTION
WERDEN IHRE SCHAUFENSTER
MIT ANKÜNDIGUNGEN DER NEUERÖFFNNUNG
ZUHÄNGEN

DENKMÄLER DIE DER ENTHÜLLUNG HARREN
WERDEN DIE GESTALTER VORHER ZUHÄNGEN
UM DIE WIRKUNG IN DEM EINWEIHUNGSMOMENT
ZU ERHÖHEN

HÖREN

WIR HÖREN ZU WENIG AUF INNERE STIMMEN

LIEBER HÖREN WIR WAS AUSSEN

AUF UNSER HÖRORGAN WIRKT

WENN WIR AUF DRAUSSEN HÖREN

DENKEN WIR UNS IN GERINGEREM WIDERSTREIT

MIT DER UMWELT

ALLES ERSCHEINT LEICHTER

WENN WIR HÖREN IM SINNE VON FOLGSAM

NATURGERÄUSCHE HÖREN KANN MIT FREUDE

UND ANGST ERFÜLLEN

VOGELGESANG KONTRA ERDBEBENGROLLEN

GESPANNT WERDEN WIR EINER FÜHRUNG

IN EINER AUSSTELUNG ZUHÖREN

WENN UNS NEUE ZUSAMMENHÄNGE

ZWISCHEN KÜNSTLER UND WERK

ERÖFFNET WERDEN DURCH SACHKUNDIGE

ZUHÖREN IST DIE KUNST DER ZUWENDUNG

DENN ALLZU OFT IST DAS ZUHÖREN

NUR ÄUSSERLICH

OHNE WIRKLICHE INNERE BETEILIGUNG

ZUHÖREN MEINT DAS ERAHNEN DER GEFÜHLE

HINTER DEN WORTEN

JUGENDLICHE ERLEBEN OFT DASS IHRE ELTERN

IHNEN NICHT WIRKLICH ZUHÖREN

WEIL DIE ALLES

AUS IHRER ERWACHSENENPERSPEKTIVE

HÖREN WOLLEN

UND DESHALB ANDERS BEWERTEN

LIEBE UND ACHTUNG KANN ZUHÖREN

ZUR SCHÖNSTEN KOMMUNIKATIONSFORM

WERDEN LASSEN

HEILEN

ZEIT WIRD HEILEN – MEINT DIE ERFAHRUNG

DOCH HEILEN NICHT ALLE WUNDEN

MANCHE SEELENVERWUNDUNGEN HEILEN NIE

ES GIBT ENTTÄUSCHUNGEN

DIE DURCH IRRIGE ANNAHMEN ENTSTANDEN SIND

DIE NIEMALS HEILEN WEIL MAN SICH SELBST

SEINEN IRRTUM NICHT VERZEIHEN KANN

EHER KANN EINE VERLETZUNG DURCH

– FÜR EINEN SELBST UNBEDEUTENDEN –

MITMENSCHEN HEILEN

SO ALS WÄREN ES KLEINE VERLETZUNGEN

DER AUSSENHAUT

KRÄNKUNGEN DER SEELE UND DES SELBSTWERTES

HEILEN EIGENTLICH NIE

SIE WERDEN NUR OFT IN EINEM

VERDRÄNGUNGSRAUM EINGESCHLOSSEN

TIEFE PHYSISCHE VERLETZUNGEN
BRAUCHEN WIRKLICH ZEIT
UM ZUHEILEN ZU KÖNNEN

OFT MUSS DER HEILPROZESS
SOGAR GESTEUERT WERDEN
WEIL SONST DAS ZUHEILEN
VON AUSSEN NACH INNEN PASSIERT
WAS DER NATÜRLICHEN PHYSIS NICHT ENTSPRICHT
ES MUSS VON INNEN NACH AUSSEN ZUHEILEN

AUCH SEELISCHE VERLETZUNGEN KÖNNEN
NUR UNTER FACHKUNDIGER BEGLEITUNG
EVENTUELL VON INNEN NACH AUSSEN ZUHEILEN
WENN DER VERDRÄNGUNGSRAUM
VORSICHTIG AUFGESCHLOSSEN WIRD
UND DIE INNERE BEREITSCHAFT DES VERLETZTEN
ZUR ÖFFNUNG VORHANDEN

HAUEN

HAUEN IST NUR VOM HOLZKLOTZ

AN DEN ZERKLEINERER ANGEFORDERT

AUCH DIE EDELSTEINSUCHER

HAUEN IN DIE GESTEINSADER

UM DIE GEWÜNSCHTEN MATERIALIEN ZU GEWINNEN

IM STEINBRUCH MÜSSEN DIE ARBEITER

KRAFTVOLL HAUEN UM DEM AUFTRAG

STEINE ZU BRECHEN NACHZUKOMMEN

MANCHMAL SEHEN WIR

IN EINER BEGEGNUNGSSZENE

DASS PLÖTZLICHES ZUHAUEN EINE AFFEKTIVE

REAKTION DER SPRACHLOSIGKEIT IST

ANDERS IST DAS GEWOLLTE ZUHAUEN

UM EINEN ANDEREN

AUSSER GEFECHT ZU SETZEN IHM ZU SCHADEN

DAS ZUHAUEN AUF EINE STECHENDE MÜCKE

GELINGT NUR WENN ES SCHNELL GENUG GESCHIEHT

ÄRGER DER NICHT IM RAUM GEKLÄRT

WERDEN KANN

FINDET MANCHMAL EIN ABRUPTES ENDE

IM HERAUSSTÜRMEN UND DEM ZUHAUEN

DER TÜR

HALTEN

ALLE SOLLTEN SICH AN VEREINBARTE REGELN
HALTEN

WIR HALTEN AUSSCHAU
NACH ERWARTETEM BESUCH

MENSCHEN HALTEN SICH TIERE
UM SIE ZU HÜTEN ZU PFLEGEN UND LIEBKOSEN
ZU KÖNNEN

ANDERE HALTEN NUTZTIERE
UM DAMIT GELD ZU VERDIENEN

WIR HALTEN UNSER TICKET BEREIT
FÜR DIE KONTROLLE

MEINE KATZE WILL MIR EBEN DURCH ZUHALTEN

IHRER BEIDEN PFOTEN UM MEINE HAND

ZEIGEN DASS SIE MIT MIR SPIELEN WILL

WENN UNS JEMAND ÜBERRASCHEN WILL

SAGT ER MANCHMAL

ICH SOLLE MEINE AUGEN ZUHALTEN

BEI GROSSER HITZE WERDE ICH DIE FENSTER

ZUHALTEN

DAMIT DIE KÜHLE IM RAUM ERHALTEN BLEIBT

DAS GEGENTEIL IM WINTER

DA GILT ES DIE TÜREN ZU ZUHALTEN

UM DIE HEIZUNGSWÄRME NICHT ENTWEICHEN

ZU LASSEN

KÄMMEN

WIR KÄMMEN UNS KURZE HAARE   LANGE HAARE

AUCH DIE VERSCHIEDENSTEN BÄRTE KÄMMEN WIR

IM KÄMMEN

SIND MANCHE FRISEURE WAHRE KÜNSTLER

INDEM SIE DIE RICHTUNG DER HAARE DURCH

FESTIGER ODER GEL IN EINE GEWOLLTE RICHTUNG

LEGEN

TIERE LASSEN SICH MEHR ODER WENIGER GERN

KÄMMEN

MANCHE GENIESSEN ABER DIE FELLPFLEGE SEHR

GENÜSSLICH

DAS ABSUCHEN EINER BESTIMMTEN GEGEND

BEZEICHNET MAN MANCHMAL AUCH MIT KÄMMEN

WEIL MAN HAARBREIT ALLES „KÄMMT"

HABEN MÄNNER KAHLE STELLEN AUF DEM KOPF

WERDEN SIE

DURCH LANGWACHSEN UMGEBENDER HAARE

DIE VORAUSSETZUNGEN SCHAFFEN

DIE LÖCHER ZUZUKÄMMEN

SIE LEGEN SIE ÜBER DIE KAHLEN STELLEN

KLEBEN

ES GIBT DAS KLEBEN AN PERSONEN

DA HÄNGT SICH EINER WIE ANGEKLEBT

AN DEN ANDEREN AN

OFT VERLANGT DAS EIN HOHES MASS

AN TOLERANZ SOLCH KLEBEN ZU ERTRAGEN

DIE FRAGE NACH DEM WARUM KLEBEN DIE AN MIR

ODER DEM UND DEM

SCHAFFT OFT ERKLÄRUNG

KLEBEN VERSCHAFFT OFT DEM EIGENEN STAND

MEHR HALT

AUCH GANGMITGLIEDER KLEBEN ZUSAMMEN

WEIL SIE ALLEIN VOR ANGST SCHLOTTERN

BRIEFE DIE WIR VERSENDEN WOLLEN

WERDEN WIR ZUKLEBEN

DAMIT FREMDE DEN INHALT NICHT LESEN

DIAGNOSEBERICHTE UND RÖNTGENAUFNAHMEN

WERDEN MANCHE ÄRZTE ZUKLEBEN

WENN SIE SIE DEM PATIENTEN ZU DEM

WEITERBEHANDELNDEN ARZT MITGEBEN

AUGENÄRZTE WERDEN BEI SCHIELBEHANDLUNGEN

OFT EIN AUGE ZUKLEBEN

DAS LOCH IM AUSPUFF KANN ICH

MIT SPEZIELLEM PANZERVERBAND ZUKLEBEN

DANN VERSCHWEISST DIE AUSSTRÖMENDE HITZE

DAS AUFGEKLEBTE MATERIAL MIT DEM AUSPUFF

KLAPPEN

KLAPPEN MUSS DIE ERSTAUFFÜHRUNG

DAS IST DAS ZIEL ALLER BÜHNENKÜNSTLER

KLAPPEN HEISSEN VIELE NICHT VERSCHLOSSENE

SCHLIESSVORRICHTUNGEN

WEIL SIE BEWEGLICH REAGIEREN

DURCH INNERE DRUCKVERHÄLTNISSE

SO KLAPPEN DIE AUGENLIDER ZU

WENN DER SCHLAF UNS ÜBERKOMMT

ZUKLAPPEN IST IMMER AKTIV

DENN DAZU GEHÖRT

ZUM BEISPIEL EIN BUCH ZUKLAPPEN

DIE FENSTERLÄDEN VON AUSSEN ZUKLAPPEN

ODER

DIE HÜHNERSTALLTÜREN NACHTS ZUKLAPPEN

DAMIT DER FUCHS ODER WASCHBÄR

SICH NICHT DRINNEN VERIRRT ODER BEDIENT

ES WIRD AUCH IM SINNE VON ETWAS BEENDEN

VERWENDET

DU KANNST DAS KAPITEL NUN ZUKLAPPEN

ALSO DEN DECKEL DRAUF LEGEN

DEN ZU ZEITIG GEÖFFNETEN BACKOFEN

WERDEN WIR SCHNELL WIEDER ZUKLAPPEN

WENN EIN AUFLAUF DRINNEN GART

KNALLEN

FAST JEDER EXPLOSIVE STOFF

WIRD BEI DER EXPLOSION KNALLEN

OB ES EINE FEHLZÜNDUNG IM AUTO IST

DIE DURCH KNALLEN

NICHT NUR DEN FAHRER ERSCHRECKT

ODER

DAS AUF DIE STRASSE WERFEN EINER KNALLERBSE

DURCH FRECHE BUBEN

AUCH LUFTBALLONS KNALLEN

OBWOHL NUR LUFT IN IHNEN

DOCH DAS BERSTEN DES GUMMIS

ERZEUGT DAS GERÄUSCH

DENN DER BALLON ZERPLATZT

MIT ÜBERSCHALLGESCHWINDIGKEIT

– DESHALB KNALLT ES.

SPRICHT MAN VON KNALLENDEN FARBEN

DANN SOLLEN SIE SICH IN UNSER EMPFINDEN

AUCH GEGEN UNSEREN WILLEN DRÄNGEN

WIE WIR DEM GEHÖRKNALL AUCH NICHT

AUSWEICHEN KÖNNEN

DAS ZUKNALLEN EINER TÜR

IST DAS ERZÜRNTE ENDE

EINES GESPRÄCHSVERSUCHS

DU HAST MICH NICHT VERSTANDEN

ICH MACHE MICH ZU

DAS ZUKNALLEN EINER AUTOTÜR

ZEUGT OFT VON DUMMHEIT

DENN DAS MATERIAL

IST FÜR NORMALEN GEBRAUCH AUSGESUCHT

DAS ZUKNALLEN VON FENSTERN DURCH ZUGLUFT

WIRD OFT TEUER

WEIL ES NEU VERGLAST WERDEN MUSS

MAN KANN AUCH HÖREN

DER HAT MICH ZUGEKNALLT MIT ARBEIT

MEINT DASS ICH ÜBER

MEIN MÖGLICHES ARBEITSPENSUM BELASTET BIN

SO WIE DER KNALL IM OHR

BELASTEND ERLEBT WIRD

KAUFEN

NICHT KAUFEN

KANN MAN OFT DINGE DIE IM BESITZ VON MUSEEN

FÜR DIE ÖFFENTLICHKEIT SIND

LIEBE KANN MAN NICHT KAUFEN

BEI MENSCHEN ENTSTEHT MANCHMAL

DER EINDRUCK

DASS LIEBE KAUFBAR WÄRE

DOCH DAS IST NUR SEXUALITÄT

TIERLIEBE KAUFEN DIE MENSCHEN

DURCH FUTTERGABE

WEIL DAS TIER IN DER HAUSHALTUNG

AUF DEN FÜTTERER ANGEWIESEN IST

SO KAUFEN MANCHE MENSCHEN

AUCH MENSCHEN

WEIL SIE IN IHRER MATERIELLEN NOT

AUF DAS GELD ANDERER MENSCHEN

ANGEWIESEN SIND

WENN ICH EIN GRUNDMODELL EINES AUTOS KAUFE

WERDE ICH MIR BESTIMMTEN TECHNISCHEN

SCHNICKSCHNACK ZUKAUFEN

DER DER LUST FRÖNT

UND NICHT DER NOTWENDIGKEIT

BEI VIELEN TECHNISCHEN GERÄTEN

KANN ICH TEILE ZUKAUFEN

DIE DEN NUTZUNGSGRAD ERWEITERN

DER BAUER DER PFERDE HÄLT

WIRD KOPPELN ZUKAUFEN

WENN DIE EIGENE FLÄCHE FÜR DAS WEIDEN

NICHT REICHT

REICHT DIE EIGENE HEUERNTE NICHT

WIRD ER FÜR DIE VERSORGUNG IM WINTER

HEU UND HAFER ZUKAUFEN

KNÖPFEN

WIR KNÖPFEN UNS MANCHMAL MENSCHEN VOR

MIT DENEN WIR NOCH ETWAS ZU KLÄREN HABEN

WÄRMENDES FUTTER KNÖPFEN WIR ZUR

WINTERZEIT IN MANCHE KLEIDUNGSSTÜCKE

PELZKRAGEN SIND MANCHMAL DURCH KNÖPFEN

ANBRINGBAR

ZUKNÖPFEN KANN MAN EDLE KLEIDUNG

MIT KNÖPFEN UND KNOPFLÖCHERN

ABER ZUGEKNÖPFT SEIN

ERZÄHLT VOM SICH VERSCHLIESSEN

UND NICHTS AUS SEINEM ERLEBEN PREISZUGEBEN

BEIM ZELTEN WERDEN WIR DARAUF ACHTEN

DASS WIR ZUM SCHLAFEN ALLE ZELTWÄNDE

ZUKNÖPFEN

LASSEN

ICH KANN VOM TRINKEN NICHT LASSEN

ZEUGT VON EINER ABHÄNGIGKEIT

EBENSO DAS NICHT LASSEN KÖNNEN VOM RAUCHEN

ICH WILL ES LASSEN

SAGT UNS ETWAS ÜBER DIE ABSICHT

ABER NICHTS VON DEM ERFOLG

UNARTEN DIE WIR UNS ANGEWÖHNT HABEN

KÖNNEN WIR OFT TROTZ UNANGENEHMER

RÜCKMELDUNGEN AUS UNSERER UMWELT

NICHT LASSEN

LASSEN SIE DAS SEIN IST EIN KLARES UNTERSAGEN

BESTIMMTER VERHALTENSWEISEN

WAS WIR ALLES ZULASSEN HÄNGT VON UNSERER

BEREITSCHAFT AB UNS EINZUMISCHEN

EINE STREITIGKEIT UNTER FREMDEN

WERDEN DIE MEISTEN VORÜBERGEHENDEN

ZULASSEN

EINE GESCHWINDIGKEITSÜBERTRETUNG
DARF NUR DIE BEHÖRDE NICHT ZULASSEN

WENN WIR ILLEGALES BEWUSST ZULASSEN
MACHEN WIR UNS MIT STRAFBAR

DASS ABER MENSCHEN SICH KRANK ESSEN
WERDEN DIE MEISTEN MENSCHEN ZULASSEN
AUCH DAS MÜSSTE STRAFBAR SEIN

WENN TIERE
NICHT ARTGERECHT GEHALTEN WERDEN
EMPÖREN SICH ALLE
WIE MAN DAS ZULASSEN KANN

WENN KINDER
NICHT MENSCHENWÜRDIG LEBEN
KÖNNTE MAN MIT VIELEN MENSCHEN HADERN
DIE DAS ZULASSEN

WIR ALLE SIND DAMIT GEMEINT
DASS WIR ZULASSEN
DASS MILLIONEN KINDER
NOCH IM HIER UND HEUTE VERHUNGERN

LAUFEN

WELCHES GLÜCK ERLEBT EINE MUTTER

ODER EIN VATER

WENN DER KRABBLER BEGINNT

SICH AUFZURICHTEN

UND ZUM ERSTEN MAL VERSUCHT ZU LAUFEN

ALLE TIERE KÖNNEN DAS OHNE AUSSENHILFE

DOCH MENSCHEN WÜRDEN SICH SICHER AUCH

IRGENDWANN AUFRICHTEN UND LAUFEN

DOCH MIT DER VORBILDWIRKUNG

UND HILFE DER ELTERN

KÖNNEN SIE FRÜHER LAUFEN

NICHT NUR PROZESSE

IN DER MASCHINELLEN TECHNIK LAUFEN

ÜBER TIERE DIE EINEM ZULAUFEN

ENTSCHEIDEN MENSCHEN SEHR UNTERSCHIEDLICH

EINE GRUPPE GEHT
ZU STAATLICHEN EINRICHTUNGEN
UND GIBT DAS ZULAUFEN EINES TIERES KUND

ANDERE BEHALTEN DAS ZUGELAUFENE TIER
UND ADOPTIEREN ES UM ES ZU VERWÖHNEN

WENN BEIM SPAZIERENGEHEN FREMDE HUNDE
AUF MICH ZULAUFEN
WERDE ICH ERST MAL SKEPTISCH SCHAUEN
WAS IHRE ABSICHT

PFERDE DIE AUF EINER KOPPEL
AUF MICH ZULAUFEN
WERDEN MIR EINEN SCHRECKEN EINJAGEN

ALS IN AUSTRALIEN MAL DREI DINGOS
AUF MICH ZUGELAUFEN SIND
HABE ICH IHNEN NUR HÖFLICH DEN VORTRITT
AUF DEM WEG EINGERÄUMT
DIE RANGVERHÄLTNISSE
WAREN DURCH MEINE UNTERORDNUNG GEKLÄRT

LERNEN

DEN ZUGEWINN AN FÄHIGKEITEN

UND FERTIGKEITEN

BEZEICHNET MAN AUF JEDEM GEBIET MIT LERNEN

DAS LEBEN FUNKTIONIERT

IM MENSCHLICHEN BEREICH ÜBERHAUPT NUR

DURCH LERNEN

IM TIERREICH GEHT ES

VOM NATURINSTINKTORIENTIERTEN LEBEN

BIS IN ÄHNLICHE LEBENSFORMEN

IN DENEN DAS LERNEN UNABDINGBAR IST

LERNEN IST DIE FORM DER AUSEINANDERSETZUNG

MIT DER UMGEBENDEN WELT UM ZU ÜBERLEBEN

JEDE FERNSEHSENDUNG

ERMÖGLICHT EIN ZULERNEN WENN SIE

EIN MIR TEILBEKANNTES THEMA BEHANDELT

NIEMALS IST EIN WISSENSBEREICH SO ENDGÜLTIG

DASS NICHT SPEZIALISTEN EIN ZULERNEN

MÖGLICH MACHEN KÖNNTEN

WENN MAN NUR OFFEN GENUG DIE DARSTELLUNG

VERFOLGT

STETES ZULERNEN IST EINE PFLICHT

FÜR JEDES DENKENDE WESEN

WIE DER FLUSS DES LEBENS STETS NEUE

SITUATIONEN PRODUZIERT

DENEN SICH JEDER MENSCH IN JEDEM MOMENT

ANPASSEN SOLLTE

WER NICHT ZULERNT

DER WIRD ÜBER KURZ ODER LANG AUSGESONDERT

WEIL DAS LEBEN IM FLUSS IST

UND SO AUCH DAS LERNEN ERZWINGT

(STAUGEFAHR)

LEITEN

BESTIMMTE METALLE LEITEN STROM BESSER
ALS ANDERE

LEITEN BEDEUTET AUCH LENKEN
SO LEITEN WIR BLITZE ÜBER VERBINDUNGEN
IN DIE ERDE UM SCHADEN ABZUWENDEN

DIE SINNE LEITEN REIZE VON AUSSEN NACH INNEN

WIR LEITEN ARBEITSTEAMS UND CHÖRE

LICHTSIGNALE LEITEN DEN VERKEHR
AN KREUZUNGEN

REGENWASSER WERDE ICH DURCH REGENRINNEN
EINEM SAMMELBEHÄLTER ZULEITEN
DAMIT ICH ES NUTZEN KANN

WÄHREND EINER OPERATION MUSS MAN OFT
FREMDES BLUT DEM KÖRPER ZULEITEN
DAMIT BLUTVERLUST
AUSGEGLICHEN WERDEN KANN

FRISCHE LUFT MUSS MAN ZUM BEISPIEL
IN RÄUME OHNE FENSTER ZULEITEN
UM DEN NÖTIGEN SAUERSTOFFANTEIL
ZU GEWÄHRLEISTEN

LÄCHELN

ICH MEINE ES GIBT EIN

NACH AUSSEN GERICHTETES LÄCHELN

UND EIN LÄCHELN AUS DEM MONOLOG

MIT SICH SELBST

SO WIRD SICH BEI BESTIMMTEN ERINNERUNGEN

EIN VERSONNENES LÄCHELN IN MEIN GESICHT

SCHLEICHEN WIE ICH EBEN EIN LÄCHELN

IN MEINEM GESICHT BEOBACHTE

WEIL MEIN KATER VERSUCHT MIR MEINEN KULI

ZU STEHLEN WÄHREND DES SCHREIBENS

ICH LÄCHLE AUS INNERER FREUDE

OHNE JEDE ABSICHT

DENN MEIN GESICHT INTERESSIERT IHN

GAR NICHT

AUCH WENN ER SICH

GERADE DIE SELTERFLASCHE VORKNÖPFT

LÄCHLE ICH NOCH BIS ER SIE RUNTER SCHMEISST

SPÄTESTENS DANN IST DAS LÄCHELN VORBEI

ZULÄCHELN IST EINE AKTIVE KONTAKTAUFNAHME

OB NUN BEI EINER FEIER

DAS KONVENTIONELLE BEGRÜSSUNGSLÄCHELN

ODER DAS FALSCHE ZULÄCHELN

EINEM ERZFEIND GEGENÜBER

UM IHM ZU ZEIGEN ICH HABE DICH IM BLICK

ZULÄCHELN KANN IN ANDEREN KULTUREN

ALS DIREKTE AUFFORDERUNG EMPFUNDEN WERDEN

DESHALB SOLLTE MAN MIT DIESER GESTE

SEHR SORGSAM UMGEHEN

MENSCHEN DIE EWIG ZULÄCHELN

SIND FALSCHE SCHLANGEN

SIE VERBERGEN DAHINTER

DIE WIRKLICHEN GEFÜHLE

LACHEN

LACHEN KANN AUS GRAUSAMEM EMPFINDEN

EBENSO ENTSPRINGEN

WIE AUS WOHLWOLLENDEM

DAS LAUTE LACHEN IST MEIST FÜR DIE UMWELT

GEDACHT UND SOLL ZEIGEN

DASS MAN VERSTANDEN HAT

WAS KOMISCH SEIN SOLLTE

LACHEN IST ABER AUCH EINE ENTÄUSSERUNG

VON LUST UND FREUDE DIE DEN GESAMTEN KÖRPER

AUS SPANNUNGEN LOCKT

WEIL EINE KÖRPERLICHE ANDERE ANSPANNUNG –

ANSTRENGUNG DADURCH VERLANGT WIRD

ZULACHEN WERDEN WIR FREUNDEN

DIE WIR PLÖTZLICH TREFFEN

ZULACHEN IST DAS ZUWINKEN MIT DEN AUGEN

BESUCHER AUF KONZERTEN SIND FAST IMMER BEIM

ZULACHEN ZU BEOBACHTEN

WENN IHRE IDOLE DIE BÜHNE BETRETEN

ZULACHEN UND GESTIKULIEREN SIND OFT

GEKOPPELT

LEGEN

ICH BIN ÜBERGLÜCKLICH

WENN MEINE KATZEN SICH AUF EINEN PLATZ LEGEN

DEN ICH MIR HEIMLICH GEWÜNSCHT HABE

MAN KANN KARTEN LEGEN

UM DIE UNGEWISSE ZUKUNFT SCHEINBAR

ZU DEUTEN

ODER AUCH STROMLEITUNGEN LEGEN

DAMIT ELEKTRIZITÄT VON ORT A

NACH ORT B KOMMT

WÄHREND EINES WETTKAMPFES

ENTSCHEIDEN WIR UNS MANCHMAL ZUM ZULEGEN

WENN NOCH RESERVEN VORHANDEN

LEHRER FORDERN MANCHMAL SCHÜLER VOR DER

VERSETZUNG AUF DASS SIE ZULEGEN MÜSSEN UM

DAS KLASSENZIEL ZU ERREICHEN

ZULEGEN IST DAS BESCHLEUNIGEN

DAS NOCH MEHR RAUSHOLEN

ZULEGEN FUNKTIONIERT NUR AUS EIGENEM WILLEN

NIEMALS DURCH DRUCK VON AUSSEN

LIEFERN

BEI GEGENSTÄNDEN DIE ICH NICHT MIT MEINEM
AUTO TRANSPORTIEREN KANN LASSE ICH LIEFERN

IST FÜR MICH ALS KONSUMENTEN GUT
DASS ABER DAS GEMEINSAME ESSEN VORBEREITEN
IN DER FAMILIE ODER AUCH DAS EINKAUFEN DAFÜR
DURCH ESSENLIEFERSERVICES UNTERLAUFEN WIRD
IST FÜR MICH ZERSTÖRERISCH

DURCH LIEFERN VERLIERT DAS GELIEFERTE
SEINEN ACHTUNGSWERTGEHALT
EINE GELIEFERTE PIZZA WIRD ANDERS GEGESSEN
ALS DIE GEMEINSAM HERGESTELLTE
DAS KNETEN DES TEIGES
DAS SCHNEIDEN DER ZWIEBEL
UND DES GEMÜSES
UND DAS GEMEINSAME ABWÄGEN
WAS SOLL OBEN DRAUF
ERZWINGT KOMMUNIKATION
IN FORM VON SPRACHE UND GEFÜHLEN

INDUSTRIEN SIND ZU SOLCHEN MOLOCHEN

GEWACHSEN

DASS SIE OHNE ZULIEFERN NICHT MEHR IHRE

PRODUKTIONSZIELE FERTIGEN KÖNNEN

SPEZIALISIERUNGEN

KOSTENBERECHNUNGEN

KOMPETENZVIELFÄLTIGKEITEN

ERZWINGEN ZULIEFERN

DA EIN ENORMES ZULIEFERPOTENTIAL

GEFORDERT IST

IN DER GESAMTWIRTSCHAFT WIRKT SICH

EIN KONKURS EINES ZULIEFERERS MANCHMAL

ALS RISIKO FÜR DEN GESAMTEN

FERTIGUNGSPROZESSES AUS

NEHMEN

GELD NEHMEN WIR ALS ÄQUIVALENT
FÜR GELEISTETE ARBEIT ENTGEGEN

ESSEN NEHMEN WIR FÜR UNSEREN LEBENSERHALT
ZU UNS
HIERBEI NEHMEN WIR FÜR DEN KÖRPER

ABER LOB UND ANERKENNUNG
NEHMEN WIR FÜR UNSERE SEELE

AUCH TROST UND MITGEFÜHL
NEHMEN UNSERE SEELEN DANKBAR ENTGEGEN

BELEIDIGUNGEN KRÄNKUNGEN VERACHTUNG
WERDEN UNSERE SEELEN SCHMERZLICH EMPFINDEN
UND ZUM ANLASS OFT FÜR RÜCKZUG
IN FORM EINER NIEDERLAGE NEHMEN
ODER ZUM ANLASS NEHMEN DEN KAMPF
ZU BEGINNEN

FRAUEN FÄLLT BEIM WORT ZUNEHMEN

ZUERST IHR KÖRPERGEWICHT EIN

UND ALLE WIDRIGEN MÜHEN

DIE SIE ANSTELLEN MÜSSEN

UM NICHT UNTER ZUNEHMEN ZU LEIDEN

DAS ZUNEHMEN DES GEWICHTES EINES SÄUGLINGS

WIRD ABER VON ALLER UMWELT FREUDIG

BEGRÜSST

WENN LESERZAHLEN EINER ZEITSCHRIFT

ODER EINES BUCHES ZUNEHMEN

WIRD AUCH FREUDE ENTSTEHEN

EBENSO DIE ZUSCHAUER ODER ZUHÖRERZAHLEN

BEI EVENTS

WENN ABER DIE SCHADSTOFFANTEILE IN DER LUFT

ZUNEHMEN WIRD BEI ALLEN BESORGNIS ERREGT

WENN ARMUT UND REICHTUM ZUNEHMEN

ZEIGT DAS DIE SCHERE IN EINER GESELLSCHAFT AN

UND KÜNDET VON MACHTSTRUKTUREN

ABER NICHT VON HUMANISTISCHER KULTURELLER

SOZIALER ENTWICKLUNG

NÄHEN

EINE URALTE TECHNIK UM TEILE MITEINANDER ZU

VERBINDEN IST NÄHEN

OB DAS NÄHEN MIT PFLANZENFASERN ODER

SELBSTAUFLÖSENDEM OPERATIONSGARN PASSIERT

IST EGAL

NUR DIE MITTEL

DIE ZUM NÄHEN VERWENDET WERDEN

SIND UNTERSCHIEDLICHE

NÄHEN GELINGT ABER IMMER NUR

WENN MATERIALIEN DURCHSTOCHEN

BZW DURCHLÖCHERT WERDEN

ZUCKERSÄCKE ODER KAFFESÄCKE

WERDEN DIE LIEFERANTEN ZUNÄHEN

UM DIE WARE ZU SICHERN

ÄRZTE MÜSSEN HAUTÖFFNUNGEN OFT

WIEDER ZUNÄHEN

UM EIN SAUBERES HEILEN ZU ERMÖGLICHEN

DIE LÖCHERIGE HOSENTASCHE

WIRD JEDER ZUNÄHEN

WEIL ER BEFÜRCHTEN MUSS

DASS ER WETVOLLES VERLIERT

SELBST DER FLEISCHER WIRD DEN ROLLBRATEN

ZUNÄHEN DAMIT ER IN DER FORM BLEIBT

WENN IN DER HITZE DES GARENS

SICH DIE STRUKTUREN VERÄNDERN

NÄHEN UND ZUNÄHEN

SIND SO NOTWENDIGE TÄTIGKEITEN

DASS DAFÜR MASCHINEN ERFUNDEN WURDEN

DIE HEUTE SCHON

VON DIGITALER TECHNIK GESTEUERT WERDEN

UND NICHT MEHR NUR VON MENSCHEN

DIREKT AN DER NÄHMASCHINE

DURCHGEFÜHRT WERDEN

NEIGEN

BLUMEN NEIGEN IHRE BLÜTEN ALS BITTE

UM WASSER

NEHMEN WIR DAS NICHT ZUR KENNTNIS

DANN VERTROCKNEN SIE

WIR NEIGEN ALS MENSCHEN DAZU

MEHR DEM TRÄGEREN BESTREBEN DES NICHTTUNS

NACHZUGEBEN

ALS DEM MÜHEVOLLEN AKTIVEN HANDELN

AUCH NEIGEN WIR DAZU

VOR GEFÜRCHTETEN AUFGABEN

SCHNELL NOCH ANDERE AUCH NOTWENDIGE

ABER NICHT SO SCHWIERIGE ARBEITEN

ZU ERLEDIGEN UM DAS SCHWERE AUFZUSCHIEBEN

DAS NEIGEN ZUM AUFSCHIEBEN ERSCHWERT ABER

OFT DAS EIGENTLICHE ZIEL

NOCH DAS VORNEHME ZUNEIGEN DES KOPFES

KÖNNEN WIR IN UNSERER KULTUR

BIS IN DIE KÜRZESTE VERGANGENHEIT

BEOBACHTEN

ALLERDINGS HAT SICH AUS DEM ZUNEIGEN HEUTE

EINE AGGRESSIVERE ART DES ERKENNENS

ODER DES WOHLGESONNENSEINS ENTWICKELT

IN UNSERER QUICKLIGEN UMWELT

WIRD SOLCH VERSTECKTES ZUNEIGEN

GAR NICHT MEHR WAHRGENOMMEN

DA GILT DAS HALLO ODER DAS UMARMEN

MIT UNEHRLICHEM KÜSSCHEN

ODER DAS WINKEN

JEDENFALLS NICHT MEHR DIE DISKRETION

DIE HINTER DEM ZUNEIGEN VERBORGEN WAR

ORDNEN

GEDANKEN KANN MAN ORDNEN

INDEM MAN SIE SEHR KONZENTRIERT IN EINE

RICHTUNG DRÄNGT

OFT IST EIN SUCHGEDANKE

NACH LÖSUNGEN FÜR SPEZIELLE THEMEN

DAZU HILFREICH

WIR ORDNEN UNSEREN SCHREIBTISCH

WENN WIR UNS VOR SCHWIERIGEN AUFGABEN

DRÜCKEN WOLLEN

ETWAS ZUORDNEN BEDEUTET

EIN SYSTEM ZUR VERFÜGUNG ZU HABEN

ZUM BEISPIEL SCHMERZEN

KÖNNEN WIR BESTIMMTEN ORGANEN OFT

ZUORDNEN

NAHRUNGSMITTEL KANN MAN GRUPPEN ZUORDNEN

WIE GEMÜSE FLEISCH KORNPRODUKTEN

FAHRZEUGE KANN MAN ZUORDNEN NACH

HERSTELLERN LEISTUNGSKLASSEN ODER

FUNKTIONSWEISEN

PACKEN

SPANNENDE FILME PACKEN UNSEREN GEIST

UND ZIEHEN IHN IN DIE HANDLUNG

DIE DARGESTELLT WIRD

MUSIK KANN UNS PACKEN

UND UNS IN IHREN BANN ZIEHEN

WEIL SIE UNSERE SEELE BERÜHRT

UNSERE KÖRPER PACKEN WIR IN FANGO

UM IHM BESTIMMTE STOFFE ÜBER DIE HAUT

ZUZUFÜHREN

MAN KANN ALSO KÖRPER GEIST UND SEELE PACKEN

IST EINE AUFGABE SEHR UMFANGREICH

MÜSSEN ALLE BETEILIGTEN RICHTIG ZUPACKEN

EINE MUTTER DEREN KIND AUF DEM BÜRGERSTEIG

SICH LOSREISST WIRD SCHNELL ZUPACKEN

DAMIT ES NICHT AUF DIE FAHRBAHN LÄUFT

WENN SICH HUNDE STREITEN IST MANCHMAL
EIN FACHKUNDIGES ZUPACKEN NOTWENDIG
UM SCHLIMMES ZU VERMEIDEN

OFT MÜSSEN AUCH ORDNUNGSKRÄFTE KRÄFTIG
ZUPACKEN UM MENSCHLICHE STREITHÄHNE ZU
TRENNEN

DER FÄNGER AM TRAPEZ MUSS IMMER ZUPACKEN
WENN SEIN MITAKROBAT ANGEFLOGEN KOMMT

SPERREN

WIR SPERREN EIN KRANKENHAUS

WEIL SICH RESISTENTE KEIME AUSGEBREITET

HABEN

ODER DIE ORDNUNGSKRÄFTE SPERREN BESTIMMTE

ZUFAHRTSWEGE BEI EINEM GRÖSSEREN EVENT

AUCH KANALARBEITER SPERREN

DIE STRASSENABSCHNITTE DIE SIE BLOCKIEREN

DURCH KANALISATIONSARBEITEN

ABER WIR SPERREN MUND UND NASE AUF

WENN WIR INTERESSANTE NEUIGKEITEN HÖREN

MANCHMAL SPERREN WIR UNS AUCH GEGEN NEUE

IDEEN ODER ORGANISATORISCHE VERÄNDERUNGEN

IST EIN STURM ANGESAGT WERDEN WIR FENSTER

UND TÜREN ZUSPERREN DAMIT ALLES IM HAUS

ODER STALL SICHER IST

NACHTS WERDEN WIR AUCH GARTENTORE

ZUSPERREN

UM UNGEBETENE HEIMLICHE GÄSTE ABZUHALTEN

HEUTE IST DAS ZUSPERREN DER FENSTERLÄDEN

KAUM NOCH IN MODE

DENN MODERNE JALOUSIEN SIND IM GEBRAUCH

NACH DEN ANGEKÜNDIGTEN ÖFFNUNGSZEITEN

WERDEN LADENBESITZER IHR GESCHÄFT

ZUSPERREN

SO FORDERT MANCHER GASTWIRT SEINE GÄSTE AUF

ZU GEHEN MIT DEN WORTEN

DASS ER ZUSPERREN MÜSSE

DENN SONST HANDELE ER GEGEN DIE ORDNUNG

ZOOPFLEGER MÜSSEN DIE KÄFIGE

VON GEFÄHRLICHEN TIEREN

IMMER GEWISSENHAFT ZUSPERREN

UM KEINE UNBELIEBTEN ÜBERRASCHUNGEN

DURCH AUSBRÜCHE ZU ERLEBEN

GEFÄNGNISAUFSEHER WERDEN DIE ZELLEN NACH

DEM ÖFFNEN AUCH IMMER WIEDER ZUSPERREN

SCHUSTERN

SCHUSTERN WIRD SEHR SEHR UNTERSCHIEDLICH
GEBRAUCHT
DER BERUF DES HERSTELLENS VON SCHUHEN HAT
SICHER DIE GRUNDLAGE GELEGT

DOCH OFT HÖRT MAN DAVON DASS
„DIE DAS SCHON ZUSAMMENSCHUSTERN" WERDEN
DAMIT IST GEMEINT DASS OHNE GENAUE
PLANANGABE UND VORGEGEBENE
HANDLUNGSSCHRITTE
EIN ERGEBNIS NACH WUNSCH ENTSTEHT

WENN MAN DAS HÖRT FÄLLT EINEM SO ETWAS WIE
FLICKENARBEIT EIN
ABER MIT EINEM GUTEN ERGEBNIS

ZUSCHUSTERN IST WAS GANZ ANDERES

DA STEUERT JEMAND ETWAS BEI

EIGENTLICH IST GELDGEBEN DAMIT OFT GEMEINT

DOCH AUCH ALS BEITRAG ZU IDEEN ODER

GEISTESARBEITEN WIRD ZUSCHUSTERN BENUTZT

OFT BITTEN KINDER ELTERN OB SIE ZUM

FÜHRERSCHEIN ODER ZUM AUTO

ETWAS ZUSCHUSTERN

SCHAUFELN

IM TAGEBAU SCHAUFELN BAGGER DEN ABRAUM

VON DER GESUCHTEN ERDSCHATZADER

WIR SCHAUFELN MIT DER HAND WASSER

WENN WIR KEINEN BEHÄLTER ZUM TRINKEN HABEN

UND BENUTZEN SO UNSERE HÄNDE ALS SCHAUFEL

WIR KENNEN AUCH DEN AUSDRUCK

„GELD SCHAUFELN"

DANN SAMMELT JEMAND MEHR GELD ALS ER

AUSGIBT UND DURCH DAS SCHAUFELN ENTSTEHT

EIN BERG

WIE WIR AUCH EINEN BERG DURCH SAND

SCHAUFELN WACHSEN LASSEN

IM WINTER SCHAUFELN WIR DEN SCHNEE

VON DEN GEHWEGEN

ODER DIE RÄUMFAHRZEUGE SCHAUFELN IHN VON

DEN FAHRBAHNEN

HÖRT JEMAND ZUSCHAUFELN

FÄLLT IHM ALS ERSTES VIELLEICHT EIN GRAB EIN

DORT SPRICHT MAN VOM ZUSCHAUFELN

WIE ÜBERHAUPT GRUBEN UND ERDLÖCHER OFT

DARAUF WARTEN

DASS ARBEITER SIE ZUSCHAUFELN

WEIT ÜBERTRAGEN KANN MAN IM VOLKSMUND

AUCH MAL HÖREN

DASS ANDERE JEMAND ZUSCHAUFELN

ALSO ÜBERHÄUFEN

UND IHN BEDECKEN MIT EIGENEN VORHABEN

SCHREIBEN

IM CHINESISCHEN IST SCHREIBEN

EINE ECHTE KUNSTFORM

JEDER DER DAS ÜBER 4 JAHRE

IN DER SCHULZEIT RICHTIG LERNT

IST QUASI EIN KÜNSTLER

DAS INFORMATIONEN FIXIEREN

DAS ABSICHTEN FIXIEREN

DEN ABLAUF VORGEBEN

ALL DAS VERLANGT DAS SCHREIBEN

MIT WELCHEN MATERIALIEN ICH SCHREIBE

IST VÖLLIG UNABHÄNGIG VOM INHALT

ABER VON DER UNTERLAGE

AUF DIE ICH ETWAS SCHREIBE

ZUSCHREIBEN

IST NICHT WIRKLICH ALS DAZUSCHREIBEN GEMEINT

WENN MAN JEMAND ETWAS ZUSCHREIBT

DANN MEINT MAN ER SEI DER VERURSACHER

DAS WEICHT VOM SCHREIBEN SEHR AB

ICH SCHREIBE IHM DIESE AUSSAGE ZU

MUSS NIEMALS WAS GESCHRIEBENES BEINHALTEN

BESTIMMTES VERHALTEN

WIRD MAN BESTIMMTEN PERSONEN ZUSCHREIBEN

BESTIMMTE KUNSTWERKE IN DER MALEREI

ODER BILDHAUEREI

SCHREIBT MAN BESTIMMTEN STILRICHTUNGEN ZU

STIMMEN

BESTIMMTE INSTRUMENTE STIMMEN ALLE MUSIKER

VOR JEDEM BENUTZEN

MANCHE MUSS MAN STETIG STIMMEN

WIE SAITENINSTRUMENTE WEIL DIE SAITEN

AUF NUTZUNG UND TEMPERATUR REAGIEREN

KLAVIERE STIMMEN SPEZIALISTEN

MIT BESONDEREN SCHLÜSSELN

WEIL DIE SAITEN ZU GROSS

MANCHE BLASINSTRUMENTE HABEN STIMMEN

ÜBER DIE DER TON ERZEUGT WERDEN KANN

SÄNGER BEZAUBERN IHRE UMWELT MIT IHREN

VON DER NATUR GEGEBENEN INSTRUMENTEN

ALSO STIMMEN

ZUSTIMMEN MUSS DER CHEF

WENN EIN MITARBEITER MIT EINEM EIGENEN

VORSCHLAG KOMMT

WENN KINDER AUF EIGENE FAUST ETWAS

UNTERNEHMEN WOLLEN

MÜSSEN OFT ELTERN WEGEN IHRER

VERANTWORTUNG ZUSTIMMEN

SOGAR BEI UNTERNEHMUNGEN MIT DEM LEHRER

MÜSSEN OFT DIE ELTERN BESTIMMTEN VORHABEN

SCHRIFTLICH ZUSTIMMEN

VERTRITT EIN ANDERER MEINE INNERE MEINUNG

WERDE ICH IHM VIELLEICHT DURCH MEIN

KLATSCHEN ZUSTIMMEN

SCHIESSEN

EIN GEGENSTAND WIRD PER MECHANIK
AUF EIN ZIEL ABGEWORFEN

SO SCHIESSEN DIE FUSSBALLER AUF EIN TOR
DIE HOCKEYSPIELER DEN PUCK INS TOR
PFEIL UND BOGENSCHÜTZEN SCHIESSEN
AUF DIE ZIELSCHEIBENMATTE
KATAPULTBENUTZER AUF EIN WILLKÜRLICHES ZIEL

WAFFEN WERDEN ENTWICKELT
UM DAMIT ZU SCHIESSEN IN TÖTUNGSABSICHT

START UP UNTERNEHMEN

SUCHEN NACH SPONSOREN DIE IHNEN IN DER

ANFANGSPHASE GELDER ZUSCHIESSEN

UM BEGINNEN ZU KÖNNEN

ELTERN WERDEN IHREN KINDERN AUCH IN DER

ERSTEN ZEIT IHRER SELBSTÄNDIGKEIT

FÜR BESONDERE EREIGNISSE

NOCH ETWAS ZUSCHIESSEN

WEIL IHRE ERSPARNISSE NOCH ZU KLEIN

UMZUG   AUTO   HEIRAT

SIND NUR EINIGE ANLÄSSE FÜR SOLCHES

ZUSCHIESSEN

SCHNAPPEN

WER SCHON MAL EINER SCHILDKRÖTE

BEIM FRESSEN ZUGESEHEN HAT

DER WEISS WIE SCHNAPPEN AUSSIEHT

FISCHE SCHNAPPEN NACH DEM KÖDER

DOCH IST DAS UNTER WASSER

UND DA SIEHT MAN ES NICHT

VIELE TIERE SCHNAPPEN IHR FUTTER

WIE DER ERSCHROCKENE HUND NACH DER HAND

SCHLÖSSER SCHNAPPEN EIN

DARAN IST IHRE FUNKTION HÖRBAR

BEIM TANZVERGNÜGEN SCHNAPPEN WIR UNS GERN

DEN VORHER AUSGESUCHTEN PARTNER

ALSO DAS SCHNELLE VERSCHLIESSEN ZUEINANDER

PASSENDER VORRICHTUNGEN IST SCHNAPPEN

VERKÜNDEN UNS INSERATE

VON BEONDERS PREISGÜNSTIGEN WAREN

WERDEN WIR VERSUCHEN

AM ZUSCHNAPPEN TEIL ZU HABEN

FÜR SCHNÄPPCHENJÄGER IST DAS ZUSCHNAPPEN

FAST EIN SPORT GEWORDEN

VOR LAUTER ZUSCHNAPPEN

HORTEN SIE SOGAR WAREN

DIE SIE GAR NICHT BENÖTIGEN

AUCH ICH HABE MANCHE REISE SCHON

UNTERNOMMEN

WEIL ICH BEI EINEM SOLCH BILLIGEN FLUG

EINFACH ZUSCHNAPPEN MUSSTE----WOLLTE

STOSSEN

WIR STOSSEN UNS

AN NICHT ANGEPASSTER SPRACHE

ODER AN UNSITTLICHEM VERHALTEN

DOCH DANN BEWEGEN WIR UNS SELBST

VOM UNKULTIVIERTEN WEG

INDEM WIR SOLCHEN UMGANG MEIDEN

STIERKÄMPFER STOSSEN DEN TIEREN BARBARISCH

IHREN DEGEN INS FLEISCH

TIERE STOSSEN WARNRUFE AUS

UM GRUPPENMITGLIEDER VOR GEFAHREN ZU

WARNEN

TIERE IM KAMPF MITEINANDER

STOSSEN SICH GEGENSEITIG

SEHE ICH EINE GRUPPE

DIE SICH FÜR MEINE GLEICHEN INTERESSEN

EINSETZT

WERDE ICH VIELLEICHT ZU IHR ZUSTOSSEN

MICH EINMENGEN

ANDERS IST DAS ZUSTOSSEN

WENN DADURCH EIN MENSCH

VORSÄTZLICH VERLETZT WIRD

MAN BANGT AUCH MIT DEM IDIOM

„HOFFENTLICH WIRD IHM /IHR NICHTS ZUSTOSSEN“

UM DIE GESUNDHEIT EINES LIEBEN MENSCHEN

DER HARPUNIST MUSS IM RICHTIGEN MOMENT

ZUSTOSSEN UM SEINE JAGDBEUTE ZU ERWISCHEN

SCHÜTTEN

GÄRTNER SCHÜTTEN GUTEN UNVERBRAUCHTEN

MUTTERBODEN AN STELLEN

WO SIE BESONDERES PFLANZEN WOLLEN

IM WINTER SCHÜTTEN WINTERDIENSTE

SPLIT AUF DIE STRASSEN

DAMIT DIE REIFEN BESSER HAFTEN

UND DIE FAHRZEUGE IN DER SPUR BLEIBEN

MANCHMAL SCHÜTTEN WIR ZU VIEL SALZ

AN DIE SUPPE UND VERDERBEN DAMIT DAS ESSEN

NAHRUNGSMITTEL DIE VERDORBEN SIND

WERDEN WIR AN TIERE BEI NICHTGEFAHR

VERFÜTTERN

ODER ABER WEG SCHÜTTEN

SCHÜTTEN HAT IMMER WAS

MIT SCHNELLEM ABLADEN

ODER WEGTUN ZU TUN

LAWINEN KÖNNEN BERGHÜTTEN

MIT IHREN SCHNEEMASSEN ZUSCHÜTTEN

AUCH MORÄNEN KÖNNEN GANZE HÄUSER

ZUSCHÜTTEN

WIE VULKANE DIE UMGEBUNG

MIT LAVA ODER ASCHE ZUSCHÜTTEN

MANCHE TAGEBAUOBERFLÄCHENWUNDEN

WERDEN DIE KOMMUNEN NICHT ZUSCHÜTTEN

SONDERN ZU KÜNSTLICHEN SEEN FLUTEN

STEIGEN

IN GESCHÄFTE STEIGEN WIR EIN

WENN WIR UNS DAVON PROFIT VERSPRECHEN

AUF DIE PALME STEIGEN

MEINT DAS WÜTEND WERDEN

DRACHEN STEIGEN IN DIE LUFT

WENN WIR SIE SCHNELL GENUG HOCHZIEHEN

UND SIE SICH DANN IN DER LUFT SELBST TRAGEN

MAN SAGT AUCH WIR STEIGEN DER SACHE

AUF DEN GRUND

DANN ERFORSCHEN WIR DIE URSACHEN

AN HALTESTELLEN

VON ÖFFENTLICHEN VERKEHRSMITTELN

KANN MAN ZUSTEIGEN

EBENSO AUF FLUGHÄFEN

ODER SCHIFFSANLEGEPLÄTZEN

AUCH PRIVATE AUTOFAHRER

HALTEN VOR SCHULEN ODER KITAS

DAMIT IHRE ABZUHOLENDEN KINDER ZUSTEIGEN

STRÖMEN

STRÖMEN MENSCHENMASSEN

DEM GLEICHEN ZIEL ZU

WERDEN OFT REGULATIONSSCHLANGEN

DURCH ABSPERRUNGEN GEBILDET

STRÖMEN METHANGASE IN GRUBEN AUS

IST DIE GEFAHR EINER ENTZÜNDUNG SEHR GROSS

GROSSE FLÜSSE HABEN IN UNSERER SPRACHE

DEN NAMEN STRÖME

WEIL DIE WASSERMASSEN STRÖMEN

ALSO MITREISSEND FLIESSEN

GEDANKEN KÖNNEN ZUSTRÖMEN

OHNE DASS DU DARAUF WARTEST

DANN BEDRÄNGEN SIE MEIST DEINE SEELE

VERLUSTÄNGSTE UND BEFÜRCHTUNGEN SIND OFT

DABEI

WIRD IN DER KÜCHE BESONDERES ZUBEREITET

STRÖMEN VERLOCKENDE DÜFTE DURCHS HAUS

STARE STRÖMEN FÖRMLICH IN SCHAREN

DEN KIRSCHBÄUMEN ZU

IN MEEREN KÖNNEN MANCHMAL FREMDKÖRPER

WIE PLASTIKMÜLLMENGEN

ODER GAR LEBLOSE KÖRPER

AUF DEN STRAND ODER DIE BUCHTEN ZUSTRÖMEN

NEHMEN

KLEINSTE KINDER NEHMEN DIE FINGER WAHR

UND SPIELEN AN IHNEN MIT IHNEN

SPIELEN ALS LUSTHANDELN

EGAL AUF WELCHEM GEBIET

SO SPIELEN WIR LOTTO

MIT DER HOFFNUNG AUF GEWINN

AUCH WENN WIR GELD DAFÜR BEZAHLEN MÜSSEN

ABER DIE SPANNUNG IST DIE LUST

WIR SPIELEN GESELLSCHAFTSSPIELE

UM MIT ANDEREN ZUSAMMEN

ERLEBNISSE DER FREUDE

UND DES SPIELÄRGERS ZU TEILEN

SPIELEN ERLAUBT AUCH SCHADENFREUDE

WEIL ES NICHT UM WIRKLICH

ENTSTANDENEN SCHADEN GEHT

KLAPPT DAS ZUSPIELEN BEIM FUSSBALL

ODER HANDBALL NICHT

KANN DIE MANNSCHAFT NICHT SIEGEN

BEI ALLEN MANNSCHAFTSSPIELEN HÄNGT DER

ERFOLG VOM ZUSPIELEN AB

AUCH IN EINEM KREATIVEN TEAM SPIELEN SICH DIE

PLAYER DIE IDEEN ZU DIE DURCH DAS ZUSPIELEN

ZU GRÖSSERER GEWICHTIGERER QUALITÄT

ANWACHSEN KÖNNEN

ABER AUCH BÖSARTIGES ZUSPIELEN GIBT ES

WENN VERLEUMDERISCHE INFORMATIONEN

ENTSCHEIDUNGSGREMIEN ZUGESPIELT WERDEN

DIE EINE FAIRE BEURTEILUNG VERHINDERN

UND DADURCH DEM FALSCH

BEURTEILTEN SCHADEN ZUFÜGEN

STEUERN

JEDER MUSS SEIN LEBEN IRGENDWIE STEUERN

MANCHE LASSEN ES DURCH ANDERE STEUERN

UND SIND WIE LUFTBALLONS VON DER LUFT

HIN UND HER GETRIEBEN

ANDERE STEUERN SICH SELBST

UND HABEN IHR ZIEL KLAR VOR AUGEN

DURCH DAS ZIEL STEUERN SIE

AUCH DIE ETAPPENSCHRITTE

DIE ZUM ZIEL FÜHREN

KAPITÄNE STEUERN

MIT DEM RUDER IHRES SCHIFFES

UND BESTIMMEN DAMIT DEN WEG

IM UNTERRICHT HAT JEDER SCHÜLER DEN AUFTRAG

DURCH SEINE MITARBEIT SEINEN BEITRAG

ZUM ERFOLG ZUZUSTEUERN

BEI EINEM WETTRENNEN WERDE ICH DIREKT

UND SCHNELL AUF DIE ZIELLINIE

ZUSTEUERN

DAS ZUSTEUERN AUF EIN HINDERNIS

BEI EINEM UNFALL

ERGIBT OFT DRASTISCHE SCHMERZLICHE FOLGEN

FÜR MENSCHEN TIERE UND SACHEN

ALLERDINGS SOLL MAN

BEIM BEGEGNEN MIT WILDTIEREN

AUF SIE ZUSTEUERN

WEIL DAS RISIKO DADURCH

ZUMINDESTENS FÜR DIE MENSCHEN

MINIMIERT WERDEN SOLL

STOPFEN

MANCHE REISENDE

STOPFEN IHRE UTENSILIEN EINFACH IN DEN KOFFER

WIR STOPFEN UNS DEN BAUCH VOLL

INDEM WIR OHNE GEWISSENSBISSE

ESSBARES VERSCHLINGEN

ARBEITNEHMER STOPFEN LÖCHER

IN DEN HAUSHALTSKASSEN INDEM SIE OFT

EIN ZWEITES ARBEITSVERHÄLTNIS ANNEHMEN

ÄRZTE STOPFEN TAMPONS IN BLUTENDE WUNDEN

ZUM BEISPIEL NACH DEM ZAHNZIEHEN

DAMIT DAS BLUTEN GESTOPPT WIRD

LÖCHER IN STRÜMPFEN WERDEN WIR ZUSTOPFEN

ROHRÖFFNUNGEN DIE WIR VERSCHLIESSEN WOLLEN

WERDEN WIR ZUNÄCHST ZUSTOPFEN

EINGÄNGE DIE SICH DER WASCHBÄR IN UNSEREN

DACHBODEN GESUCHT HAT

WERDEN WIR ERST MAL ZUSTOPFEN

SPITZEN

DIE OHREN SPITZEN KANN MAN AUCH

UM WÜNSCHE VON GELIEBTEN MENSCHEN

HEIMLICH HERAUSZUBEKOMMEN

HIER IST DAS OHREN SPITZEN MEIST IM

ÜBERTRAGENEN SINN GEMEINT

EIGENTLICH WERDEN SO WÜNSCHE ERFÜHLT

ODER EMPFUNDEN

WENN LEHRER SCHÜLER AUFFORDERN DASS SIE

DIE OHREN SPITZEN SOLLEN DANN WIRD

BESONDERE AUFMERKSAMKEIT VERLANGT

SITUATIONEN KÖNNEN SICH ZUSPITZEN

DAS MEINT DASS SIE GEFÄHRLICHER WERDEN

OB IN EINEM VERBALEN DISPUT ODER BEI

KÖRPERLICHER BEDROHUNG VON AUSSEN

IST DASSELBE WORT

AUCH BEI KRANKHEITSVERLÄUFEN KANN SICH DIE

SITUATION ZUSPITZEN

WENN STREITEREIEN ZWISCHEN VÖLKERN SICH

ZUSPITZEN WÄCHST DIE OBJEKTIVE KRIEGSGEFAHR

SEHR UND DAMIT FÜHRT ZUSPITZEN STETS ZUR

ANGST

SPRECHEN

SPRECHEN HAT IMMER DAS ZIEL
ETWAS MITZUTEILEN

MAN SPRICHT ABER NICHT NUR
MIT ANDEREN MENSCHEN
SONDERN AUCH MIT SICH SELBST

WIR SPRECHEN MIT FREUNDEN UND MIT FEINDEN
WENN WIR DEN STREIT BEILEGEN WOLLEN

WIR SPRECHEN AUCH SCHON MIT SÄUGLINGEN
UM KONTAKT AUFZUNEHMEN
OBWOHL SIE NUR KLANGFARBEN TEMBRE
UND MELODIE ERFÜHLEN
UND NOCH KEINE WORTE VERSTEHEN

WIR SPRECHEN ALLERDINGS AUCH MIT AUGEN MIT
MIMIK UND GESTIK
WENN DER ANGESPROCHENE DIE GESENDETEN
SIGNALE AUFFÄNGT

BEGEGNEN WIR ÄNGSLICHEN MENSCHEN
WERDEN WIR IHNEN ZUSPRECHEN
SICH AN EINE AUFGABE ZU WAGEN

KINDER DIE ETWAS AUSPROBIEREN
ERWARTEN OFT DASS ELTERN IHNEN ZUSPRECHEN
MUT ZU HABEN

BESONDERS KANN MAN TIERHALTER BEOBACHTEN
WIE SIE IHREM HUND ODER PFERD ZUSPRECHEN
WENN SIE VOR ETWAS SCHEUEN

MANCHER HAT SICH
AN GRÖSSERE AUFGABEN NUR HERANGEWAGT
WEIL VON IHM GEACHTETE MENSCHEN
IHM ZUGESPROCHEN HABEN

SCHRAUBEN

AUCH MENSCHEN SCHRAUBEN SICH IN DIE HÖHE

ZUM BEISPIEL BEIM AUSSTEIGEN AUS DEM AUTO

BESONDERS SICHTBAR WIRD DAS SICH WINDEN

NACH LANGEN BEWEGUNGSARMEN TOUREN

BEOBACHTEN WIR GENAU DAS AUFSTEHEN

WENN DER KÖRPER NICHT MEHR

SO ELASTISCH SCHNELL IST

DANN VERLAGERT SICH DAS GEWICHT

VON EINER AUF DIE ANERE SEITE

WIE DAS HÖHER BEWEGEN IM GEWINDEGANG VON

SCHRAUBEN

SELBST DIE ZAHNPASTENTUBE SOLLTEN WIR

ZUSCHRAUBEN

WEIL SONST DAS MATERIAL AUSTROCKNET

UND NICHT MEHR ZU GEBRAUCHEN IST

GEWÜRZE PASTEN UND GETRÄNKE

DIE IN TUBEN GLÄSERN ODER FLASCHEN

AUFBEWAHRT UND FRISCH GEHALTEN WERDEN

SOLLTEN WIR AUCH IMMER ZUSCHRAUBEN

GLÄSER VERFÜGEN AM OBEREN ENDE

AUCH ÜBER EIN GEWINDE

DAMIT MAN SIE MIT DEM PASSENDEN DECKEL

ZUSCHRAUBEN KANN

DIE TANKÖFFNUNG WERDEN WIR IMMER SORGSAM

ZUSCHRAUBEN

DAMIT DER SPRIT SICH NICHT VERFLÜCHTIGT

OHNE DASS WIR NUTZEN VON IHM HABEN

MALER SCHÜTZEN IHRE ACRYLFARBEN EBENFALLS

DURCH ZUSCHRAUBEN

STELLEN

STELLEN HEISST ETWAS AN SEINE POSITION ZU
BRINGEN

WIR STELLEN AUTOS IN GARAGEN
FAHRRÄDER IN DEN SCHUPPEN
KINDERWAGEN OFT IN DEN HAUSFLUR

AUCH BEOBACHTUNGEN FÜHREN DAZU
DASS WIR BESTIMMTE ERSCHEINUNGEN IN
WISSENSSYSTEME STELLEN
UND DARAUF AUFBAUEND
WEITERE SCHLUSSFOLGERUNGEN ZIEHEN

PAKETBOTEN WERDEN DIE SENDUNGEN ZUSTELLEN

EBENSO BRIEFE KARTEN

INZWISCHEN KANN MAN DAS ZUSTELLEN

AUCH PER ELEKTRONIK VERANLASSEN

DURCH DAS VERSENDEN VON E-MAILS

UND ÄHNLICHEN ZUSTELLMEDIEN

ALLERDINGS BEDARF

DAS ZUSTELLEN MATERIELLER GÜTER

ZUR ZEIT NOCH DER MENSCHEN

DEN EINGANG ZUM NEBENRAUM

KANN ICH DURCH UNBEDACHTES ZUSTELLEN

ERSCHWEREN

SCHLAGEN

MIT DEN HÄNDEN SCHLAGEN WIR DEN RHYTHMUS

ZUR GEHÖRTEN MUSIK

ANDERE SCHLAGEN AUF TISCHE

ODER MUSIKINSTRUMENTE

UM GERÄUSCHE ZU ÜBERTRAGEN

RÄUBER SCHLAGEN WIR IN DIE FLUCHT

DURCH ERWISCHEN BEIM RAUBZUG

ODER DURCH ANDROHEN VON GEWALT

VOR DEM ZUSCHLAGEN
SOLLTE MAN AUCH DIE KRÄFTE
DEN CHARAKTER UND SOZIABILITÄT
DES GESCHLAGENEN BEDENKEN

BLINDES ZUSCHLAGEN KÜNDET
VON GROSSER ANGST

DAS BLITZSCHNELLE ZUSCHLAGEN
EINER KATZENPFOTE
HAT SOGAR MANCHEN KATZENLIEBHABER SCHON
ERSCHRECKT

AN BESONDERS ÜPPIGEN BUFFETS KANN MAN
BEOBACHTEN
WIE MANCHE BESONDERS KRÄFTIG ZUSCHLAGEN
WEIL DAS AUGE AUCH STEUERT
UND NICHT NUR DER MAGEN

SETZEN

NICHT NUR DAS NUTZEN EINES SITZMÖBELS
VERLANGT SETZEN

DAS VERÄNDRN DER BEWEGUNGSFORM
IN EINE ANHALTENDE WARTENDE RUHENDE
ODER AUCH LAUERNDE POSITION
KANN BEI MENSCH UND TIER ZUM SETZEN FÜHREN

AUFSTEHEN ODER AUFSPRINGEN
BEENDET DANN DAS SETZEN WIEDER
IN ANDERE KÖRPERHALTUNG

UNANGENEHME GERÜCHE

KÖNNEN MEINEM WOHLGEFÜHL SEHR ZUSETZEN

AUCH GERÄUSCHE

DIE NICHT DEN NORMALEN ÜBLICHEN

GERÄUSCHKULISSEN ENTSPRECHEN

KÖNNEN SEHR ZUSETZEN

DENKEN WIR NUR AN STETES TROPFEN EINES

WASSERHAHNS BEIM EINSCHLAFEN

ICH KANN ABER AUCH MENSCHEN

DURCH STETES

NÖRGELN BETTELN BEVORMUNDEN KRITISIEREN

SEHR ZUSETZEN

SCHNEIDEN

SCHNEIDEN KANN IM ÜBERTRAGENEN SINN

AUCH OHNE MATERIE ZU TEILEN

VERWENDUNG FINDEN

SO SCHNEIDEN WIR BEI WETTBEWERBEN

MIT EINER BESTIMMTEN BEWERTUNGSNOTE AB

ODER WIR SCHNEIDEN UNS INS EIGENE FLEISCH

WENN WIR BEABSICHTIGT HATTEN

ANDEREN ZU SCHADEN UND DABEI SELBST ZU

SCHADEN KOMMEN

SCHNEIDER WERDEN DIE NOTWENDIGEN STOFFE

FÜR DIE ZU NÄHENDE GARDEROBE ZUSCHNEIDEN

WIE AUCH MÜTTER DIE NOTWENDIGEN FLICKEN

FÜR DAS REPARIEREN DER ZERRISSENEN HOSEN

ZUSCHNEIDEN EGAL OB SIE KLEBEN ODER NÄHEN

PFLASTER WERDEN WIR ZUSCHNEIDEN

DAMIT SIE DIE WUNDEN SICHER BEDECKEN

FLEURISTEN KANN MAN BEIM ZUSCHNEIDEN DER

BLUMEN BEOBACHTEN

DIE SIE ZU EINEM STRAUSS BINDEN WOLLEN

SCHAUEN

SCHAUEN IST EIN VERINNERLICHTES SEHEN

DENN DORT NEHMEN WIR DAS GESEHENE

IN UNS MEHR AUF ALS

WENN ES NUR VORBEIHUSCHT

SO SCHAUEN WIR VON BERGEN IN DIE LANDSCHAFT

ODER VON AUSSICHTSTÜRMEN IN EINE BESTIMMTE

RICHTUNG WIE ZUM BEISPIEL

VON DER DEUTSCHEN GRENZSEITE AUF

WESTLICHER SEITE

IN DEN KOMMUNISTISCHEN OSTEN

DER DEUTSCHEN HAUPTSTADT

ALLE THEATER SIND VOM ZUSCHAUEN ABHÄNGIG
NUR DURCH ZUSCHAUEN ÜBERMITTELN SIE
INHALTE DURCH IHR SPIEL

DIE INHALTE DURCH ZUSCHAUEN ZU VERMITTELN
IST ZIEL
DIE TEXTE VERLANGEN AUCH ZUHÖREN
DOCH DAS WESENTLICHE IST DAS ZUSCHAUEN
DURCH DIE BESUCHER

DASS ZUFÄLLIG VORBEIKOMMENDE BEI UNFÄLLEN
SO GERNE ZUSCHAUEN
IST NICHT NUR IHRER NEUGIER ZUZUSCHREIBEN
INSGEHEIM SPIELT DIE FREUDE
DASS ES ANDEREN PASSIERT IST
UND NICHT SICH SELBST AUCH MIT
ICH NENNE ES BLUTRÜNSTIG UND ERLEBNISGEIL
OHNE MITGEFÜHL

MÜHT SICH EIN ROLLSTUHLFAHRER AN EINER
SCHWELLE WERDE ICH NICHT NUR ZUSCHAUEN
SONDERN AKTIV ZU HELFEN
IST SELBSTVERSTÄNDLICH

SENDEN

BOTSCHAFTEN SENDEN NICHT NUR MENSCHEN

ANDEREN MENSCHEN

AUCH TIERE SENDEN BOTSCHAFTEN ANDEREN

TIEREN

ZUM SENDEN WERDEN AKUSTISCHE SIGNALE ODER

DUFTMARKEN ODER AUCH

SICH ÄUSSERES DARSTELLEN VERWENDET

RUNDFUNKANSTALTEN UND FERNSEHANSTALTEN

SENDEN IHRE BOTSCHAFTEN PER AKUSTISCHEN

ODER FILMGEBENDEN TECHNISCHEN MITTELN

UM DIE SENDUNGEN ZU EMPFANGEN

BEDARF DER EMPFÄNGER BESTIMMTER

TECHNISCHER EINRICHTUNGEN

ABER WIR SENDEN AUCH BOTSCHAFTER

IN ANDERE LÄNDER

UM UNSERE INTERESSEN DORT

VERTRETEN ZU LASSEN

FIRMEN WERDEN MIR

IHRE WERBEPROSPEKTE ZUSENDEN

DAMIT ICH AUF IHRE PRODUKTE

AUFMERKSAM WERDE

EINEM GUTACHTER MÜSSEN DIE BEANTRAGENDEN

NOTWENDIGE BEWERTUNGEN UND DIAGNOSEN

ZUSENDEN

DAMIT ER ANDERE MEINUNGEN

MIT VERARBEITEN KANN

MANUSCRIPTE KANN MAN VERLAGEN ZUSENDEN

UM SIE ZUR VERÖFFENTLICHUNG ANZUBIETEN

SCHICKEN

WIR SCHICKEN BLUMEN ZU GEBURTSTAGEN

ODER BRIEFE MIT UNS WICHTIGEN INHALTEN AN

LIEBE MENSCHEN

AUCH UNTERLAGEN AN BEHÖRDEN SCHICKEN WIR

UM ANTRÄGE ZU BELEGEN

KINDER SCHICKEN WIR IN DIE SCHULE

ODER ZUM INSTRUMENTALUNTERRICHT

SOWIE ZUM SPORT

MENSCHEN SCHICKEN WIR IN DEN WELTRAUM

UM UNBEKANNTES ZU ERFORSCHEN

VERSICHERUNGEN WERDEN IHRE

VERTRAGSANGEBOTE ZUSCHICKEN

DAMIT DER VERSICHERUNGSNEHMER SIE

UNTERZEICHNET

EINE VORLADUNG ZU EINER VERNEHMUNG

WIRD MIR DAS GERICHT ZUSCHICKEN

UND SICH DEN EMPFANG SOGAR GEGENZEICHNEN

LASSEN

HANDWERKER WERDEN IHRE RECHNUNGEN

ZUSCHICKEN

DAMIT DER LEISTUNGSEMPFÄNGER SIE BEGLEICHT

SCHLIESSEN

OFT SCHLIESSEN WIR

NACH ÄUSSEREN WAHRNEHMUNGEN

AUF BEWERTENDE EINSCHÄTZUNGEN

KOMMT UNS JEMAND GROB ENTGEGEN

SCHLIESSEN WIR OFT AUCH

AUF EIN GROBES INNENLEBEN

DAS STERBEN WIRD JEDE BEHANDLUNGSMÜHE

SCHLIESSEN

SO WIE WIR DEN SARG SCHLIESSEN

ALS ENDGÜLTIGES BEENDEN DES BELEBTEN

ERDENDASEINS

DIE MATERIELLE EXISTENZ KÖNNEN WIR NUR

LEBEN DURCH ÄUSSERES WECHSELWIRKEN

ENDGÜLTIG SCHLIESSEN NUR DIE BIOLOGISCHE

EXISTENZ

ZUSCHLIESSEN MUSS ICH DEN
MEDIKAMENTENSCHRANK
UM MISSBRAUCH DURCH UNBEFUGTE ZU
VERHINDERN

REINIGUNGSMITTEL MUSS ICH ZUSCHLIESSEN
UM UNGEWOLLTEM AUSLAUFEN VORZUBEUGEN

FLÜSSIGKEITSBEHÄLTER WERDE ICH
GRUNDSÄTZLICH ZUSCHLIESSEN

SELBST TAGEBÜCHER WERDEN MANCHE MENSCHEN
ZUSCHLIESSEN

SAGEN

WAS WIR SAGEN

IST NICHT IMMER DER WAHRHEIT

ODER WIRKLICHKEIT ENTSPRECHEND

MANCHMAL SAGEN WIR BESTIMMTE INHALTE

UM FÜR UNS VORTEILHAFTE

ODER ZUWENDUNGEN ZU PROVOZIEREN

ODER GAR UM ANDEREN ZU SCHADEN

ANGENEHMEN EINLADUNGEN

WERDEN WIR GERN ZUSAGEN

WEIL EIN LUSTVOLLES ERLEBEN AUF UNS WARTET

HILFEERSUCHEN WARTET OFT AUF UNSER ZUSAGEN

WOBEI SOLCHES ZUSAGEN IMMER SEHR SORGSAM

BEDACHT SEIN MUSS

SODASS ZUSAGEN NICHT ZU EINER

HOFFNUNGSLOSEN FLOSKEL WIRD

UND DER HILFESUCHENDE DER NOTWENDIGEN

UNTERSTÜTZUNG

DURCH DEN ZEITVERZUG NOCH DRINGENDER

BEDARF

ZUSAGEN FORDERN ABSOLUTE REDLICHKEIT

AM EINHALTEN VON ZUSAGEN

ERMESSE ICH AUCH WERTEPARAMETER EINER

PERSON

MIT DER ICH GERN UMGEHE

SCHIEBEN

FINANZEXPERTEN SCHIEBEN GELDER

VON EINEM KONTO AUF ANDERE

UM HERKUNFT UND VERBLEIB DER GELDER ZU

VERSCHLEIERN

POLITIKER SCHIEBEN OFT POSTEN HIN UND HER

NUR DAMIT SIE IM MACHTAPPARAT VERBLEIBEN

KÖNNEN

GANZE ORDNUNGSORGANISATIONEN WIE DER ZOLL

WURDEN GEBILDET

UM SCHIEBEN VON WAREN ZU AHNDEN

VORSÄTZLICHER VERURSACHER EINES STREITS

ZU SEIN

WERDEN WIR OFT DEM KONTRAHENTEN

ZUSCHIEBEN

WILL EIN MITSCHÜLER EINEM ANDEREN

BEI EINEM TEST HELFEN

DANN MUSS ER DEM UNSICHEREN

DIE LÖSUNGEN HEIMLICH ZUSCHIEBEN

SCHUBLADEN MÜSSEN WIR STETS ZUSCHIEBEN

WEIL SIE SONST IHRER VERSCHLUSSFUNKTION

NICHT GERECHT WERDEN

KORRUPTION IST EINE VERHALTENSWEISE DURCH

DIE BESTIMMTE GREMIEN

AUFTRÄGE DURCH KORRUMPIERTE BEAMTE

FIRMEN ZUSCHIEBEN

DIE DADURCH DIE KONKURRENZ AUSSCHALTEN

UM HÖHERE GEWINNE EINZUSTREICHEN

TUN

ALLES TUN IST EINE MESSBARE AKTIVITÄT IN DER
AUSSENWELT
OB NUN VORBEDACHTES TUN BESCHRIEBEN WIRD
ODER REFLEXHAFTES REAGIEREN

TIERE TUN NICHTS
OBWOHL SIE MESSBARE AKTIVITÄTEN IN DER
AUSSENWELT ZEIGEN
TUN IST AN DAS MENSCHLICHE WESEN ALS
DEUTSCHES WORT GEBUNDEN

REAKTIONEN AUF ANFORDERUNGEN
OB VON DER UMWELT DEM BIOTOP DEM SOZIOTOP
ODER AUTOTOP VERURSACHT

OHNE ZUTUN VON PARTNERN MITEINANDER

KANN KEINE PARTNERSCHAFT FUNKTIONIEREN

IN WELCHEM BEREICH MEHR ZUTUN

NOTWENDIG IST

DIKTIERT DIE SITUATION

OB ERZIEHUNG   HAUSHALT   GELDERWERB

GESELLIGKEIT   FREUNDSCHAFTEN

DAS STÄRKERE ZUTUN EINES PARTNERS VERLANGT

SOLLTE NICHT EINGEFORDERT WERDEN MÜSSEN

DIE PARTNERSCHAFT IST UM SO LEBENDIGER

JE FLEXIBLER DIE PARTNER AUCH IM ZUTUN SIND

WEIL SIE DIE ZUSÄTZLICH NOTWENDIGE KRAFT

ERFÜHLEN

UND IHRE KRAFTMÖGLICHKEIT DAZUTUN

TREFFEN

VEREINBARUNGEN TREFFEN

BEZIEHT SICH AUF GEISTIGES GUT

DAS ERST NOCH DER UMSETZUNG BEDARF

UNTERSCHIEDLICHE

ANSICHTEN   ASPEKTE   STANDPUNKTE

TREFFEN AUFEINANDER UND WERDEN GEWICHTET

TREFFEN SICH DIE KONTRAHENTEN AN

SCHNITTPUNKTEN DIE VON BEIDEN

ANERKANNT WERDEN

KÖNNEN SIE EINE ÜBEREINKUNFT TREFFEN

ERWARTUNGEN DIE ZUTREFFEN

SIND OFT ZWEISCHNEIDIG

EINESTEILS IST MAN STOLZ

DOCH ANDERERSEITS HÄTTE MAN SICH OFT

MANCHES DESASTER NICHT GEWÜNSCHT

PROGNOSEN DIE AUF WISSENSCHAFTLICHER
FAKTENSAMMLUNG BERUHEN
WERDEN WAHRSCHEINLICHER ZUTREFFEN
ALS REINE SPEKULATIONEN

WENN ARZTDIAGNOSEN ZUTREFFEN
KANN DAS JE NACH ERGEBNIS ERFREUEN
ODER SEHR ERSCHRECKEN

IM MATERIELLEN BEREICH KÖNNEN AUSSAGEN
HUNDERTPROZENTIG ZUTREFFEN

ZUM BEISPIEL DAS GLAS WIRD ZERBRECHEN WENN
ICH ES KRÄFTIG GENUG GEGEN DIE WAND WERFE

IM MENSCHLICHEN ODER TIERISCHEN VERHALTEN
KANN IMMER NOCH EINE VARIABLE DAZU FÜHREN
DASS VORHERSAGEN NICHT ZUTREFFEN

TEILEN

TEILEN IM SINNE VON ABGEBEN

KANN SICH AUF IDEEN   AUF GEFÜHLE

UND AUF MATERIELLES BEZIEHEN

IDEEN TEILEN WIR MIT ANDEREN

DIE AN GLEICHER THEMATIK ARBEITEN

UM UNS GEGENSEITIG ZU BEREICHERN

UND SO GEMEINSM EINEN HÖHEREN WISSENSSTAND

ZU ERREICHEN

GEFÜHLE KANN MAN EIGENTLICH NICHT TEILEN

WEIL MAN SIE IM INNERSTEN GANZ ALLEIN ERLEBT

DOCH TEILE ICH SIE SCHEINBAR

WENN ICH ANDERE DARAN TEILHABEN LASSE

INDEM ICH ZUM BEISPIEL TRÄNEN ZEIGE

ODER DURCH MEIN LAUTES LACHEN

INDEM ICH DIE ANDEREN IN EINE BESTIMMTE

STIMMUNG HINEINZIEHE

SO TEILE ICH MEINE GEFÜHLE DURCH AUSDEHNUNG

NACH AUSSEN

WAS MANCHMAL EINE GROSSE ENTLASTUNG

BEDEUTET

IM MATERIELLEN BEREICH IST ES EINEINDEUTIG

WIR TEILEN MENGEN

OB DAS GELD   DEN KUCHEN   DIE WOHNUNG

HIER BLEIBT IMMER NUR DIE FRAGE

IN WELCHEM VERHÄLTNIS WIR TEILEN

ZUTEILEN

IMPLIZIERT DIE MACHT ÜBER ETWAS ZU VERFÜGEN

OB CHEFS   AUFGABEN   ZUTEILEN

ODER TIERHALTER DAS FUTTER ZUTEILEN

WIRD OFT VON UNTERSCHIEDLICHEN

GESICHTSPUNKTEN ERFOLGEN

WILL DER CHEF

DURCH DAS ZUTEILEN FÄHIGKEITEN ENTWICKELN

ODER WILL ER BESTRAFEN

DIE TIERHALTER WERDEN DAS FUTTER

NACH DEM GESUNDHEITSZUSTAND ZUTEILEN

OB SIE AUFPEPPELN WOLLEN ODER ABSPECKEN

KANN SOLCH EIN UNTERSCHIEDLICHER ASPEKT

IHRES ZUTEILENS SEIN

TRAGEN

VERANTWORTUNG TRAGEN IST ETWAS ANDERES

ALS LASTEN ZU TRAGEN

DAS HAT MIT PFLICHT ZU TUN

FÜR DIE FACHGERECHTE AUSBILDUNG DER

LEHRLINGE

TRAGEN DIE MEISTER DIE VERANTWORTUNG

IM STUDIUM TRAGEN DOZENTEN UND TUTOREN

VERANTWORTUNG

FÜR DIE AUSBILDUNG DER STUDENTEN

FAHRLEHRER TRAGEN DIE VERANTWORTUNG

FÜR DEN UNFALLFREIEN FAHRUNTERRICHT IM

STRASSENVERKEHR

ZUTRAGEN IST IMMER IM GEISTIGEN BEREICH
ANZUSIEDELN

DAS ZUTRAGEN VON INFORMATIONEN
KANN ENTSCHEIDUNGEN IN ALLE RICHTUNGEN
BEEINFLUSSEN
SO IST DIE ABSICHT BEIM ZUTRAGEN STETS
ZU BEDENKEN
SCHADEN VERMEIDEN WOLLEN ODER ZUFÜGEN
KANN DER BEWEGGRUND FÜR ZUTRAGEN SEIN

WER ALSO AUF ZUTRAGEN WERT LEGT
IST OFT ZU BEQUEM SELBST DEN DINGEN AUF DEN
GRUND ZU GEHEN

TRAUEN

TRAUEN HEISST

EINE INNERE ABWEHR ZU ÜBERWINDEN

OB KONVENTIONEN ALSO REGELN UNS HEMMEN

ODER INNERE UNSICHERHEIT AN SICH

ODER ABER DIE ANGST

VOR EINER MÖGLICHEN ABSAGE

BEEINFLUSSEN DAS SICH TRAUEN

IST DIE INNERE ABWEHR ÜBERWUNDEN

BEWUNDERN OFT BEOBACHTER

DASS SICH ANDERE WAS TRAUEN

WAS SIE SICH NICHT GETRAUT HÄTTEN

DAS SICH SELBST ZUTRAUEN

WIRD AUS ERLEBTEM GESTÄRKT

DURCH ERFOLG IM FRÜHEREN ÜBERWINDEN VON

SCHEU UND ANGST

ERHÖHT SICH DAS ZUTRAUEN IN DIE EIGENE

STANDFESTIGKEIT

JE MEHR DAS ZUTRAUEN IN DAS EIGEN ICH WÄCHST

JE MEHR WIRD AUCH DIE AUSSENWELT SOLCHEN

MENSCHEN ETWAS ZUTRAUEN

WER MIT EIGENEN SCHWIERIGKEITEN GUT UMGEHT

DEM KANN MAN VIELLEICHT AUCH ZUTRAUEN

BEI SCHWIERIGKEITEN ANDERER ZU HELFEN

TRINKEN

TRINKEN WIR AUS DURST ODER LUST

AUS VERNUNFT ODER KUMMER

AUS FREUDE ODER LEID

GRÜNDE FINDEN SICH IN JEDER LEBENSLAGE UM ZU

TRINKEN

DER UNTERSCHIED WIRD NUR DURCH

DAS

WAS   WANN   WIEVIEL   WARUM

DEUTLICH

TRINKEN WIR NICHT

IST DAS DER SICHERE TOD

DAS SICH ZUTRINKEN

IST EINE WOHLWOLLENDE GESTE

MAN ZEIGT DEM

DEM MAN ZUTRINKT

DASS MAN IRGENDETWAS GEMEINSAMES

ZU HABEN SCHEINT

ES KANN ZUM WOHL BEDEUTEN

JEDOCH AUCH

ICH HABE DICH IM AUGE

ALSO HÜTE DICH VOR MIR

ICH GEBE DEM ZUTRINKEN KEINE WIRKLICHE

EINDEUTIGE WERTUNG

ES GILT AUCH ALS ALLGEMEINER

GESELLSCHAFTLICHER USUS

TRETEN

DURCH MANCHE FILME

TRETEN WIR BEIM ZUSCHAUEN

IN EINE FÜR UNS FREMDE WELT

AUCH DURCH MÄRCHEN UND GESCHICHTEN

TRETEN WIR MIT UNSEREN GEDANKEN

IN WUNSCH UND TRAUMWELTEN

DIESES TRETEN IST EIN VERÄNDERN

DER GEDACHTEN UND GEFÜHLTEN WELT IM GEISTE

ZUTRITT VERBOTEN HEISST

DASS DAS ZUTRETEN UNTERSAGT IST

OB DABEI DAS DAZUTRETEN

ODER DAS EINTRETEN GEMEINT IST

IST SITUATIONSABHÄNGIG

TRETEN IST ENTWEDER DAS SICH ANSCHLIESSEN

AN EINE GRUPPE

ODER DAS MENSCHENUNWÜRDIGE TRETEN

NACH EINEM TIER ODER

MENSCHEN

OB BEIM ZUTRETEN

ZU EINER GEISTIGEN GEMEINSCHAFT WIE RELIGION

ODER PARTEI GEMEINT IST

ODER EIN ZU EINER

MENSCHENANSAMMLUNG VOR EINEM GEMÄLDE

BEI EINER FÜHRUNG

IST DABEI KEIN UNTERSCHIED

IMMER IST IN DER SPRACHE

AUCH DAS DAZUTRETEN GEMEINT

REITEN

MAN KANN

PFERDE   OCHSEN   KAMELE   ODER ESEL   REITEN

DAS REITEN MUSS DEM TIER ANGEPASST WERDEN

REITEN VERLANGT

DASS ICH AUF DEM TIER MICH HALTE

UND ES DURCH BESTIMMTE IMPULSE

ZUM VORWÄRTSGEHEN ANIMIEREN KANN

WENN ICH ALLERDINGS

EINEN STRAUSS REITEN WILL

HABE ICH WAHRSCHEINLICH NUR DIE MÖGLICHKEIT

MICH SO LANGE WIE MÖGLICH OBEN ZU HALTEN

WILDE PFERDE WERDEN ERST REITBAR

NACH DEM ZUREITEN

DAS ZUREITEN ERMÖGLICHT

DEN UNTERSCHIEDLICHEN BIOLOGISCHEN ARTEN

MENSCH UND TIER

SICH UNTEREINANDER ZU VERSTÄNDIGEN

UND DADURCH EIN MITEINANDER ERST ZU

ERMÖGLICHEN

JE EMPFINDSAMER DAS ZUREITEN

VOM MENSCHEN GELENKT WIRD

JE GRÖSSER WIRD DAS GEGENSEITIGE NOTWENDIGE

VERTRAUEN WACHSEN

UNGEDULD BEIM ZUREITEN HAT SCHON MANCHE

MÖGLICHE PARTNERSCHAFT

ZWISCHEN TIER UND MENSCH ZERSTÖRT

REDEN

REDEN IST NUR DER MENSCHLICHEN ART

VORBEHALTEN

BESTIMMTE INHALTE

SOLLEN ÜBER DIE STIMME ZU ANDEREN

IN WORTE GEFASST GESENDET WERDEN

ES IST ALSO EIN AN SPRACHE GEBUNDENES

MITTEILEN

OB ES NUN REDEN SIND

DIE AUFGESCHRIEBEN WURDEN

ODER REDEN

DIE GEHALTEN WERDEN

IST EGAL

DER ERSTE SPRUNG INS WASSER

BEDARF OFT DES ZUREDENS

WEIL DIE UNGEWISSHEIT DES EIGENEN KÖNNENS

NOCH ANGST ERZEUGT

ÜBERHAUPT FÖRDERT DAS ZUREDEN DAS

VERTRAUEN IN EIGENE LEISTUNG

ALLERDINGS SIND WIR DURCH ZUREDEN

AUCH VON EIGENEN WERTVOLLEN NORMEN

ABLENKBAR UND LASSEN UNS ZU ILLEGALEM

HANDELN VERFÜHREN

ZUREDEN IST IMMER EIN VERFÜHREN

AM ZUREDNER LIEGT ES

OB ES ZU EINEM LOBENSWERTEN

ODER VERWERFLICHEN HANDELN FÜHRT

JE MEHR EINE PERSON

IHRE WERTE FESTGESCHRIEBEN HAT

JE UNBEEINDRUCKTER WIRD SIE DURCH ZUREDEN

WOBEI DER ZUREDENDE EBEN OFT AUCH

EIGENE INTERESSEN VERTRITT

DIE NICHT IMMER SCHÄDLICH SIND

DOCH IMMER SEINEN STANDPUNKT UNTERMAUERN

RUFEN

RUFEN MENSCHEN EINANDER

DANN HAT DAS OFT KEINE

ARTERKENNUNGSFUNKTION

SONDERN EINE AUFFORDERUNG

SICH EINEM HERBEIRUFEN UNTERZUORDNEN

ODER EINE INFORMATION ÜBER IRGENDETWAS

AUFZUNEHMEN UND ZU VERARBEITEN

MANCHMAL RUFEN WIR REINE LAUTÄUSSERUNGEN

AUCH IN DEN HIMMEL WIE

„OH MEIN GOTT" ODER SO ÄHNLICH

WEIL EINE ÜBERRASCHUNG   EIN ERSTAUNEN

SICH NACH AUSSEN ENTLADEN WILL

BEI WETTKÄMPFEN KANN MAN OFT ERLEBEN
DASS ZUSCHAUER ANFEUERNDE SÄTZE DEN
SPORTLERN ZURUFEN

WENN POLITIKER ODER PROMINENTE
IN DIE BEGEISTERTEN EINTAUCHEN
WERDEN SIE OFT MIT ZURUFEN BEGRÜSST

ABER AUCH MISSFALLEN UND ABLEHNUNG
KANN SICH IN ZURUFEN GEHÖR VERSCHAFFEN

BEIM VERABSCHIEDEN GIBT ES MANCHMAL EIN
ZURUFENDES ADIEU
BIS DER VERABSCHIEDETE NICHT MEHR IM
HÖRBEREICH IST

ROLLEN

ROLLEN IST EINE UNENDLICHE BEWEGUNG

SOLANGE DIE ANTRIEBSKRAFT REICHT

SIE WIRD NUR

DURCH DIE HAFTUNG AM UNTERGRUND GEBREMST

WEIL EINE ROLLE IN IHRER AUSSENFORM EINEM

KREIS GLEICHT

UND DER KEIN ANFANG UND KEIN ENDE HAT

DIE THEATERROLLEN

SIND SICHER NICHT NUR

VON DEN AUFGEZEICHNETEN TEXTEN

AUF ROLLEN ABZULEITEN

SICHER IM ÜBERTRAGENEN SINNE AUCH

WEIL SICH DIE SCHAUSPIELER

OHNE ECKEN UND KANTEN

IN DIE GESPIELTE FIGUR HINEINROLLEN LASSEN

SOLLEN

SEHEN WIR EINE LAWINE AUF UNS ZUROLLEN

ERGREIFT UNS ANGST

WENN WIR NICHT MEHR AUSWEICHEN KÖNNEN

ABER NOCH NICHT EINGETRETENE

ERWARTBARE REALITÄTEN

KANN MAN AUF SICH ZUROLLEN SEHEN

WENN MAN ALLE INFORMATIONEN ZU EINER

WAHRSCHEINLICHKEIT VERARBEITET

BESONDERS BEOBACHTENDE MENSCHEN

ERFÜHLEN OFT AUCH IN GESELLSCHAFTLICHEM

MITEINANDER

DAS ZUROLLEN VON UNGEWÜNSCHTEN

ENTWICKLUNGEN

REICHEN

DAS VERDIENTE GELD SOLL WENIGSTENS
BIS ZUM NÄCHSTEN ZAHLTAG REICHEN

DIE GELIEFERTEN INFORMATIONEN REICHEN
UM EINE BEURTEILUNG ABGEBEN ZU KÖNNEN

BESTIMMTE GELEISTETE ARBEITSJAHRE REICHEN
FÜR DIE ZAHLUNG EINER RENTE

WIR REICHEN UNS AM FRÜHSTÜCKSTISCH DIE
BUTTER UND BRÖTCHEN

ANTRÄGE UND GESUCHE REICHEN WIR
BEI BESTIMMTEN DIENSTSTELLEN EIN

BEI DER BEVORRATUNG FÜR DEN WINTER
SCHÄTZEN WIR EIN
OB DIE HEIZÖLVORRÄTE REICHEN

DACHDECKER KANN MAN BEOBACHTEN

WIE SIE SICH DIE SCHINDELN ZUREICHEN

AUCH BEIM LÖSCHEN DER LADUNGEN VON

SCHIFFEN

KANN MAN OFT DAS ZUREICHEN BEOBACHTEN

MENSCHEN DIE EINE LÖSCHKETTE

BEI EINER BRANDBEKÄMPFUNG BILDEN

WERDEN DIE WASSEREIMER EINANDER ZUREICHEN

HIER KOMMT ES IMMER AUF DAS NAHTLOSE GEBEN

UND NEHMEN AN

WINKEN

WINKEN ERKENNEN SCHON KLEINE KINDER

ALS FREUNDLICHE GESTE OHNE WORTE

WINKEN WIR ZUR BEGRÜSSUNG

ABER AUCH WINKEN

KANN ALS HERBEIRUFEN VERSTANDEN WERDEN

DIE BEWEGUNGEN DER HAND ENTHALTEN

BEIM WINKEN

WICHTIGE INFORMATIONEN

SO SIEHT EIN HERANWINKEN ANDERS AUS

ALS EIN ABSCHIEDSWINKEN

DAS WINKEN WAS EIN VERJAGEN BEDEUTETT

IST DEUTLICH DURCH DEN ARM UNTERSTÜTZT

IN EINER GROSSEN MENSCHENMENGE
KÖNNEN WIR UNS MANCHMAL
NUR ÜBER DIE KÖPFE HINWEG ZUWINKEN
WEIL KEIN RUFEN GEHÖRT WIRD

FREUEN WIR UNS ÜBER EINEN PROMINENTEN
DEM WIR ZUWINKEN WOLLEN
SUCHEN WIR EINEN VORDEREN PLATZ

ZUWINKEN IST EINE GERICHTETE
KONTAKTAUFNAHME
UND HOFFT AUF REAKTION
WENN SCHON KEINE AKTIVE REAKTION
SO HAT DER ZUWINKER DOCH DIE HOFFNUNG
DASS ER WOHLWOLLEN UND ANSPORN VERMITTELT

WEISEN

EIN AUFMERKSAMMACHEN IST

EIN AUF ETWAS WEISEN

WIR WEISEN UNS AUS

INDEM WIR UNSERE IDENTITÄTSPAPIERE ZEIGEN

DAS WEISEN VERLANGT AKTIVES HANDELN

OB NUN DER FAHRKARTENKONTROLLE

DAS TICKET VORGEWIESEN WERDEN MUSS

ODER DER FÜHRERSCHEIN DEM VERKEHRSPOLIZIST

EIN ZUWEISEN BESTIMMTER

VERURSACHERHANDLUGEN

KANN SEHR ZU FEHLDEUTUNGEN FÜHREN

SCHULD ZUWEISEN LENKT MEIST VON EIGENER

SCHULD AB

ZUWEISEN IST IMMER ETWAS UNBELEGTES

ETWAS VERMUTETES

EINE UNTERKUNFT ZUWEISEN

BEDEUTET DAGEGEN DASS EIN ANRECHT BESTEHT

WERFEN

WIR WERFEN UNS IN SCHALE MEINT

DASS WIR UNS HERAUSPUTZEN

WIR WERFEN EINEN BLICK AUF EIN VORGELEGTES

WERK

KÜNDIGT NUR AUFMERKSAMKEIT IN DER ZUKUNFT

AN

NOCH KEIN WIRKLICHES ANSEHEN

LICHTTRÄGER WERFEN SCHATTEN DURCH DIE

BESTRAHLTEN GEGENSTÄNDE

DIE IM WEGE STEHEN

HERVORGERUFEN IN DER ART UND WEISE

WIE MENSCHEN SICH BLICKE ZUWERFEN

IST OFT

EINE GANZE BEZIEHUNGSGESCHICHTE VERBORGEN

OB

BÖSE BLICKE   VERACHTENDE   WOHLWOLLENDE

SEHNSÜCHTIGE   LIEBENDE BLICKE

MENSCHEN EINANDER ZUWERFEN

BESCHREIBT IHREN MOMENTANEN

GEFÜHLSZUSTAND

RÜCKSCHLÜSSE FÜR DIE ZUKUNFT

SIND DARAUS OFT NICHT ABLEITBAR

WEIL SICH DAS GEFÜHLSLEBEN STÄNDIG BEWEGT

SO WIE BEIM BALLSPORT DAS ZUWERFEN

UND AUFFANGEN ODER ABWEHREN

DEN SPIELAUSGANG BEEINFLUSST

IST BEIM ZUWERFEN VON BLICKEN

IMMER DER ISTZUSTAND VON ZWEI MENSCHEN

ZU BEDENKEN

VOR ALLEM OB DAS ZUWERFEN DER BLICKE

AUCH AUFGEFANGEN   ERWIDERT   ODER NEGIERT

WIRD

WENDEN

WENDEN KANN EIN DREHEN BEDEUTEN

ODER ABER AUCH EIN SICH WENDEN AN

HILFEGEBENDE

BEI SEGELN IST WENDEN EIN KOMMANDO

WAS EINE RICHTUNGSÄNDERUNG

ENTGEGENGESETZT BEDEUTET

WER SICH MIT DER BITTE UM HILFE AN JEMAND

WENDET

DER SCHREIBT DEM ANDEREN

EINE HÖHERE KOMPETENZ AUF DIESEM GEBIET ZU

ZUWENDEN IST EINE STETS FREUNDLICHE GESTE

WEIL ICH MICH DER SITUATION

DES ANDEREN ÖFFNE

VORAUSSETZUNG FÜR DAS ZUWENDEN
IST DAS WAHRNEHMEN

DER UNTERSCHIED ENTSTEHT
OB ICH MICH PFLICHTGEMÄSS
AUS EINER ARBEITSSITUATION JEMAND ZUWENDE
ODER AUS DEM MITFÜHLENDEN FREIWILLIGEN
UNGEZWUNGENEN WAHRNEHMEN

IST DURCH EIN ZUWENDEN ABER NUR
EINE BESSERE POSITION
FÜR EINEN AGGRESSIVEN ANGRIFF GEWOLLT
SOLLTE SICH DER ZUGEWENDETE
SCHNELL ABWENDEN

WANDERN

WANDERN IST EIN GENIESSERISCHES GEHEN

IN EINER GEWÜNSCHTEN NATURUMGEBUNG

SO WIE DIE FISCHE WANDERN

DIE TIERHERDEN VON EINEM FRESSPLATZ ZUM

NÄCHSTEN WANDERN

SO WANDERN WIR OHNE NOT MIT DER ABSICHT

DER ERHOLUNG VOM STRESS

UNSERE GEDANKEN WANDERN AUCH STETIG

ZWISCHEN VERSCHIEDENEN ERLEBNISFELDERN

WIR MÜSSEN UNS KONZENTRIEREN

WENN WIR NICHT WOLLEN

DASS SIE IN ANGENEHME

TRÄUME WANDERN

DAS WORT ZUWANDERN IST IN LÄNDERN

DIE MENSCHEN ANZIEHEN

DIE IN IHREN LÄNDERN KEIN SICHERES LEBEN

FÜHREN KÖNNEN

MIT UNTERSCHIEDLICHEM WOHLWOLLEN BENUTZT

DAS ANERKENNEN DER NOT ANDERER MENSCHEN

FÜHRT NOCH NICHT ZUM SELBSTVERSTÄNDLICHEN

AKZEPTIEREN DES ZUWANDERNS

VIELE MENSCHEN FÜRCHTEN UM IHREN EIGENEN

SICHERHEITSRAUM

UND IHR MATERIELLES WEITERES WOHLERGEHEN

WÖLFE DIE UNS WIEDER ZUWANDERN

WECKEN AUCH URALTE ÄNGSTE

DASS SIE UNS UNSERE SICHERHEIT BEDROHEN

ODER UNSERE TIERE TÖTEN

WACHSEN

EIN LEBENSPROZESS IST IMMER AUCH
MIT WACHSEN VERBUNDEN

VERSCHIEDENE ENTWICKLUNGSETAPPEN WACHSEN
INEINANDER ÜBER

DER PROZESS DER ENTWICKLUNG ZEIGT SICH IM
WACHSEN
HÖRT DAS WACHSEN AUF
BEGINNT DAS ABSTERBEN BEI MENSCHEN

BIS ZUM LETZTEN ATEMZUG WACHSEN BESTIMMTE
ZELLEN NACH

DAS WACHSEN IM BEREICH DER PFLANZEN WIRD
DURCH RUHEPHASEN UND JAHRESZYCLEN
GESTEUERT

BEI MENSCHEN GIBT ES AUCH BEENDEN DES
WACHSENS ZUM BEISPIEL DES LÄNGENWACHSTUMS

KAHLE STELLEN IM RASEN SOLLEN ZUWACHSEN
WÜNSCHT SICH JEDER GÄRTNER

KAHLE BARTSTELLEN SOLLEN ZUWACHSEN
WÜNSCHT SICH JEDER HERANWACHSENDE

WENN KAHLE STELLEN AUF DEM KOPF NICHT MEHR
ZUWACHSEN
DANN HELFEN SICH MENSCHEN MIT TOUPETS
ODER PERRÜCKEN

GESCHLAGENE LÖCHER IN EISDECKEN
WERDEN BEI WEITERER KÄLTE
LANGSAM WIEDER ZUWACHSEN

ZWINKERN

DAS ABSICHTLICHE SCHLIESSEN

UND ÖFFNEN DER AUGENLIDER

FÜHRT ZUM ZWINKERN

OB EINE MECHANISCHE REIZUNG DER GRUND IST

ODER EIN WINDSTOSS

GRELLES LICHT ODER CHEMISCHES EINWIRKEN

DAS NATÜRLICHE SCHLIESSEN DER AUGEN

BEEINFLUSST

KANN EIN ZWINKERN AUCH ERKLÄREN

DENN SOLCH EIN ZWINKERN GESCHIEHT

UNABSICHTLICH

ABSICHTLICHES ZWINKERN

IST EINE KONTAKTAUFNAHME

NUR ÜBER DIE MECHANISCHE BEWEGUNG

DER LIDER

ES KANN BERUHIGEND AUFREIZEND SPÖTTISCH

FREUNDLICH WERBEND VERSTANDEN WERDEN

SEHR FREMDE MENSCHEN

WIRD MAN SELTEN BEIM ZUZWINKERN

BEOBACHTEN

ZIEHEN

KRÄFTE AUFWENDEN

UM ETWAS VON EINEM ORT

ZU EINEM ANDEREN ORT ZU BEWEGEN

IST OFT EIN ZIEHEN

DAS FLIEGEN DER VÖGEL

ZU IHREN INSTINKTGESTEUERTEN BRUTPLÄTZEN

BEZEICHNET MAN AUCH ALS ZIEHEN

DESHALB ZUGVÖGEL

WOLKEN ZIEHEN AM HIMMEL DURCH WIND

GETRIEBEN

UND SPINNEN ZIEHEN IHRE NETZE

IN ECKEN UND NIESCHEN

WIR ZIEHEN VON EINEM WOHNORT

ZU EINEM ANDEREN

SORGEN ZIEHEN UNS OFT IN DEN TRÜBSINN

ERKÄLTUNGEN WERDEN WIR UNS DURCH

KALTWERDEN ZUZIEHEN

ABER EINE GRIPPE KÖNNEN WIR UNS DURCH

ANSTECKEN ZUZIEHEN

DURCH ÜBERGROSSE FORDERUNGEN

AN UNSER MUSKELSYSTEM

KÖNNEN WIR UNS ZERRUNGEN ZUZIEHEN

UNFÄLLE SIND OFT URSACHE

DASS WIR UNS INNERE VERLETZUNGE ZUZIEHEN

VORHÄNGE WERDEN WIR ZUZIEHEN

WEIL WIR UNSEREN PERSÖNLICHEN RAUM

VORM ZUSEHEN SCHÜTZEN WOLLEN

ZAHLEN

ZAHLEN IST DAS GEGENLEISTEN FÜR WAREN

ODER LEISTUNGEN

MAN KANN MIT GELD ALS GEGENWERT ZAHLEN

ODER MIT NATURALIEN

ABER AUCH LIEBESLEISTUNGEN VERLANGEN OFT

EIN ZAHLEN

WENN AUCH DIE ENTGELDLEISTUNG

GAR NICHT SICHTBAR IST

WER LIEBES TUT

ERWARTET AUCH LIEBES VOM ANDEREN

DAS IST AUCH EINE ART

EINE ZAHLUNG ZU ERWARTEN

ZUZAHLEN WIRD NÖTIG
WENN LEISTUNGEN ZUM BEISPIEL VON
GESUNDHEITSKASSEN
NICHT ÜBERNOMMEN WERDEN

ZUZAHLEN IST AUCH NÖTIG
WENN ZUSÄTZLICHE LEISTUNGEN BEI
VORGEBUCHTEN REISEN GEWÜNSCHT WERDEN

WECHSELE ICH DIE REISEKLASSE IM ZUG
MUSS ICH DIE DIFFERENZ ZU MEINEM GELÖSTEN
TICKET ZUZAHLEN

ZUZAHLEN IST STETS AN GELD GEBUNDEN
EGAL OB IM BARGELDLOSEN WERTEVERKEHR ODER
BEIM HANDELN MIT BARGELD

SPRECHEN

SPRECHEN HAT IMMER DAS ZIEL
ETWAS MITZUTEILEN

MAN SPRICHT ABER NICHT NUR
MIT ANDEREN MENSCHEN
SONDERN AUCH MIT SICH SELBST

WIR SPRECHEN MIT FREUNDEN UND MIT FEINDEN
WENN WIR DEN STREIT BEILEGEN WOLLEN

WIR SPRECHEN AUCH SCHON MIT SÄUGLINGEN
UM KONTAKT AUFZUNEHMEN
OBWOHL SIE NUR KLANGFARBEN TEMBRE
UND MELODIE ERFÜHLEN
UND NOCH KEINE WORTE VERSTEHEN

WIR SPRECHEN ALLERDINGS AUCH MIT AUGEN MIT
MIMIK UND GESTIK
WENN DER ANGESPROCHENE DIE GESENDETEN
SIGNALE AUFFÄNGT

BEGEGNEN WIR ÄNGSTLICHEN MENSCHEN

WERDEN WIR IHNEN ZUSPRECHEN

SICH AN EINE AUFGABE ZU WAGEN

KINDER DIE ETWAS AUSPROBIEREN

ERWARTEN OFT DASS ELTERN IHNEN ZUSPRECHEN

MUT ZU HABEN

BESONDERS KANN MAN TIERHALTER BEOBACHTEN

WIE SIE IHREM HUND ODER PFERD ZUSPRECHEN

WENN SIE VOR ETWAS SCHEUEN

MANCHER HAT SICH

AN GRÖSSERE AUFGABEN NUR HERANGEWAGT

WEIL VON IHM GEACHTETE MENSCHEN

IHM ZUGESPROCHEN HABEN